第 **3** 版
THIRD EDITION

專業服務
一應用倫理學

古旻陞｜編著

APPLIED ETHICS OF
PROFESSIONAL SERVICE

今天很高興再次為《專業服務－應用倫理學》（第三版）寫序。

專業服務應用倫理對內規範專業服務人員的專業行為與維持專業服務品質，對外則建立社會大眾對專業服務的公共信任與維護當事人的最佳權益。

專業服務應用倫理的理念在於專業服務的核心價值，專業服務應用倫理的實踐乃有賴於具體專業服務制度與服務實務工作習慣的建立。

專業服務應用倫理教育的實施，則有賴於專業學會與公會倫理委員會的運作，專業證照制度與相關的法律條文的訂定，實務機構的規定，與個人合乎專業服務應用倫理的工作習慣等，都是具體實踐專業服務應用倫理理念的必要作法。

要探討專業服務應用倫理學的意義，有必要先對「倫理」的意義加以探討。西方文化的倫理一詞ethics，來自拉丁文的ethica，而拉丁文又從希臘文的ethos 演變而來，其單複數意義不同，單數指的是「風俗習慣」或「慣例」，而複數則指的是做事的一種自然或類似自然傾向。此種傾向是一種人生觀，是對人生的概念或看法，是屬於人生哲學的一部分；「倫理」就是一種實踐哲學或道德哲學。倫理強調客觀性的理由，亦即較具客觀、客體、社會、團體的意味。因此，將「道德」與「倫理」加以區分則可發現，「道德」比較是偏重個人行為對錯的判斷，往往較為抽象與主觀；「倫理」則較強調人際關係中互動行為的規範，通常較為具體和客觀。

從上述理念可知：專業服務應用倫理理念的實踐，需透過專業體系的制度建構與專業自律的機制規劃，從倫理教育、倫理守則、倫理委員會、法令規章以至於實務機構與實務人員的倫理工作表現，都是實踐專業服務應用倫理之相關學理與實務探討的重點。

在專業性服務中，體認到倫理問題的嚴重性引發專業致力於推動專業自律的行動，專業服務應用倫理守則的制訂就是具體的行動成果。專業服務應用倫理的重要性即由專業倫理守則所發揮的功能來加以詮釋，而也由於專業倫理守則的制訂與實施，對專業倫理的內涵，寫下了最具體的操作型定義。制訂專業倫理守則的目的在使整體專業人員敏銳覺知其倫理行為，並能藉此提供一個結構的引導和警告機制，以協助專業人員去面對各種倫理問題和兩難困境，以作出合理的實務判斷，以避免不合倫理行為的發生。

《專業服務－應用倫理學》在整體篇幅架構中，以完整呈現服務倫理構面：從勞資倫理、行銷倫理、生態旅遊倫理等常見構面的通論化中汲取精要以應對倫理學概論，並論述規範倫理學之義務論、目的論、德行論進行概說，將倫理實踐進行形上對應，讓原理有所依循，讓理論有所依歸。

本書最值得嘉許部分，則當提論的是：從關懷倫理學角度去定位老年與幼兒保育之應用規範倫理；這種不對等的倫理議題，常是社會事件所不忍目睹虐嬰、虐老事件的倫理處置規範所當依循的教案與教例。

這是一本值得學校課程專案閱讀與大眾普讀的書本，從理論說明解構後的運用，從體例中回歸倫理理論依據。在倫理判准有所依理，讓實踐與理論相依相輔。讓閱覽者視域有所提升，讓專業服務應用倫理學能在產業界精進升值。

輔仁大學 中國聖職單位 單位代表
輔仁大學 教育領導與科技發展學士學位學程 主任
菲律賓拉薩爾大學教育管理哲學博士

　　《專業服務－應用倫理學》一書是關於專業責任與行為所依據的原則與標準的倫理構面的專業書籍。此乃基於論述專業服務產業從業者在處理服務方面所涉及處遇的倫理道德問題時，應該如何遵循專業倫理所涵蓋的道德價值觀與行為規範而進行論述之教材。

　　專業服務應用倫理是專業團體針對其專業特性發展出來的道德價值觀與行為規範，是在該專業領域裡工作的理想指南，提供專業人士在遇到專業方面的倫理道德問題時做正確抉擇的依據。

　　高等教育技職體系所培育之產業高等人才，需要具有高度的知識與能力，每當面臨倫理問題進行處遇當下，應如何進行合宜的處置？如果不具備相關知識之建構，這並不是大多數人能力可及之事。

　　在專業服務從業者將如何學習倫理價值論之知識與應用倫理之能力，促使其更優越地服務於大眾，本書按照專業服務所涉及的行業類別，以綜論與分論進行不同的特性之結構講述，將所依循的倫理構面之形上基礎，對論於職場類屬之差異化以形構倫理價值依據，依此作為衡量判准，在處遇時進行公裁，以此無損於職場工作倫理，以合乎勞資兩肇、合乎職場內部與外部之倫理處遇。

　　專業服務－應用倫理之教學目標包含：

1. 作為服務產業追求的產業目標，賦予企業一種莊嚴的使命感，為產業朔造良善形象。

2. 作為提高從業者的職場倫理素質，以利於產業人力資源和物質資源的配置。

3. 作為服務產業管理者運用倫理原則，以調動從業員工的積極性和創造性，以利產業競爭。

4. 培育管理者具備內化之倫理人格特質，給予從業員工歸屬感、安全感、責任感，併進外化成產業的忠誠，形塑強大的內聚力。

5. 造就良善倫理產值內涵，成就服務意識和行動，建構企業社會保證，提高企業競爭力與合作基礎力，成就顧客信賴度。

　　第三版結合時事，更新章末之個案研討。在本書編排與改版過程中，感謝新文京開發出版股份有限公司所有同仁盡力協助，並特感謝主編對本書用字遣詞、語順貫連與標點符號的耐心斟酌，為書畫龍點睛、增色添彩；在上兩版感謝專家讀者不吝指教，希冀這本小書能繼續獲得讀者喜愛與使用。耑此

　　順頌時祺

古旻陞 筆於風崗

APPLIED ETHICS OF
PROFESSIONAL SERVICE

目錄
CONTENTS

👍 前言

中國古代有「百業」之謂，這說明複雜的職業分類在古代就存在，西方的古代及近代社會也有過諸多行業或職業的繁榮。不過，發達的職業觀念和典型的職業概念，卻只在現代社會才會有。這種觀念和概念是對現代社會真實情況的反應和抽象。現代社會的那些職業種類的繁複特性和專門程度，無疑是近代社會的職業所難以比擬的。近代社會長期發展所取得的成就的總和，也難以企及現代社會一個極其短暫的時期所達到的成就。從職業分層的視角來看，這樣的差別可以借助於職業發展和分化來作出解釋。職業分層的發達程度關乎社會發展之成就的高下，職業分層的發達程度終究與專業分工的成熟程度相關。專業分工愈成熟，職業分層亦愈加複雜。

　　在現實社會中，正是分工的發展才造成了職業的日益分化。分工是從一個方面衡量社會進步的重要指標。一般而言，分工愈細，社會即愈是發展。職業上的日益分化是社會進步的必要條件。分工的專業化，造就職業的專門化。這種職業上的專業化或專門化，是現代社會的一個突出的現象。從某種意義上說，如果沒有這種職業上的專業化或專門化，也就不會有現代社會的許多成就。職業上的專門化作為社會化大生產的一個落實，創造了以前各個世代不可能有的高度的勞動生產率，為現代社會的高度文明奠定了堅實的物質基礎。與此同時，職業的專門化也造成了職業間的分隔與疏離，其偏向還導致人的發展的片面化。對這一事實的誇大和發揮，這些圍繞著職業或分工以及對它們的認識而展開的討論，已經實際地涉及到專業應用倫理問題的某些關鍵點。

　　在當代社會，專業服務的地位和作用越來越顯得重要，其價值也越易於突顯。「專業服務—應用倫理學」，可作為一個具有時代性特徵和意義

的職場行動指標，不僅突出體現在市場競爭、企業行銷方面，而且業已成為公共行政領域、精神文化領域和社會生活各個領域進行變革的一個基本潮流和趨勢。例如，在經濟領域，專業服務已經從傳統經濟競爭的周邊或邊緣走向現代經濟競爭的中心，成為現代經濟競爭的核心要素。現代企業競爭以至整個社會的經濟競爭，很多是圍繞專業服務展開的。同時，經濟領域中體現著專業服務本身是包含更多倫理意義和道德內涵的服務，可以突出多重規範倫理之應用意涵。在業者和消費者之間建立起更加密切、信任、更具人性化的新型態應用倫理關係之實踐。從本質上來說，「專業服務」本身以及現代服務競爭體現著一種真正的倫理意義上的進步。從20世紀80年代以來，在全球範圍尤其是一些歐美發達國家，專業服務已經成為當今時代的一個突出主題或標誌性特徵，成為一種典型的時代精神。專業服務與現代社會具有高度的關聯性，現代社會在很大程度上已經進入了一個「專業服務時代」或以專業服務為基礎和支撐的時代。鑒於「專業服務」以及「專業服務－應用倫理」在當今時代的突出地位，對專業服務和專業服務應用倫理的研究就顯得十分必要。對於應用倫理學而言，尤其應當重視對專業服務應用倫理的研究。這樣的研究具有重要的理論和應用與實踐的真正價值。從一定意義上說，專業服務應用倫理學作為現代社會的倫理主題，體現著時代的發展趨勢和道德精神，研究專業服務和專業服務應用倫理正是對時代發展趨勢和時代精神的一種道德哲學的把握。

概言之，大專院校之服務學院，主要以培養面向現代專業服務業人才為要。故以「全人」為中心思想及教育理念，重視實習訓練，結合業界，以服務為宗旨，以就業為導向，邁向產學結合發展的道路為念。專業服務的職業內涵主要是配合我國政府調整產業結構，提升國民生活品質的政策而興發，培育的對象是從休閒到餐旅、從幼兒到老人服務的第一線服務人員及事業管理人才為宗旨，也就是要培育職場中、高級管理人才，使具備管理專業知識與解決問題之能力；培育學生宏偉國際視野及靈活之應變能力，並使具備職場專業應用倫理學之知識與關懷社會之胸襟；培育富有人

文涵養、邏輯推理之領袖人才；並突顯重視人性尊嚴與家庭幸福及環境關懷為理念。

本書概述之專業服務應用倫理學即是以此為探討之範疇與理念：首要，以闡釋倫理學的基本方法和基本原則，進而，介紹應用倫理學各專門領域的基本知識及應用實踐理論。全書包括十三章，依次為：1.倫理學概論、2.規範倫理學、3.應用倫理學、4.人際關係倫理學導論、5.勞資人際關係倫理學、6.會計人際關係倫理學、7.關懷倫理學導論、8.老年關懷倫理學、9.幼兒保育關懷倫理學、10.生態倫理學導論、11.生態旅遊倫理學、12.行銷倫理學導論、13.行銷倫理學應用等篇章。

我們綜觀專業應用倫理關係，基本上應具有若干共同特質：

(1) 專業應用倫理關係涉及動機、行為和後果三個層次；

(2) 專業應用倫理關係乃建立在一社會所接受的倫理道德觀念之上；

(3) 專業應用倫理關係不是僅僅建立在對等的交換條件上；

(4) 專業應用倫理和法律之間，儘管大部分吻合，但思考的面向卻不相同。

總之，專業應用倫理學的範圍不只要考慮道德的層次，尚要從法律、科技、經濟及社會層面去分析。專業應用倫理學是指群體規範實踐的歷程，而道德是個人追求分析人格之完美，實現價值之歷程與核心。

反觀臺灣社會處於快速變遷的環境氛圍中，教育則傾向於講求速成與專業，卻漸漸缺少了思辨的基本功夫，在倫理規範的探討上，一般都採以所謂「高理想性」的企業倫理原則，主張功利主義(utilitarianism)或情境主義(situationism)；而忽略了「義務論」(deontology)法則的重要性。在自由市場經濟理論與倫理道德規範常常是背道而馳；「專業服務——應用倫理學」當是提供從業人員在職場實踐上，實際應用的倫理學思辯能力的培養；由於專業服務業者專業倫理學教學有關的研究並不普遍，對此領域的探討亦有待加強。

專業應用倫理早已成為新世紀經濟活動管理的核心議題，在「全面品德管理」（Total Ethical Management，簡稱TEM）之理念，可能承繼「全面品質管理」（Total Quality Management，簡稱TQM）之後，成為經濟活動業界創造競爭優勢的主要來源。專業服務應用倫理乃是有關專業服務業體系，以及其員工應如何因應其行為的準則之判准。其專業應用倫理是以專業服務業為主體在其專業服務群體中的人際關係與人際規範，包括了倫理道德的關係和人倫行為的法則。該專業服務領域與社會之間的關係、該專業領域與有關人員的關係以及該專業領域內的行為規範都因時、因地、因人，而形成了該專業領域的倫理。

　　基於上述，本書希冀能以專業服務的職場倫理作為考量，以期規劃合於「服務學院」或「民生學院」相關科系大專以上的「專業服務應用倫理學」教學課程之參考，渴望對提升大專生專業服務倫理學教育水準有所助益。

01
CHAPTER

"
APPLIED ETHICS OF
PROFESSIONAL SERVICE

倫理學概論

倫理學(ethics)也被稱為道德哲學(moral philosophy)；或是道德學(morality)，西方倫理學的源頭可以追溯到哲學問世之前的希臘文學。在希臘神話(Greek mythology)、荷馬史詩(Homeric Hymns)、赫西俄德敘事詩(Hesiod's Theogony)、伊索寓言(Aesop's Fables)等希臘文學皆有所記載。

所謂的倫理學，是對人類道德生活進行系統性的思考和研究的學科。然其試圖從此理論架構中建構出一種作為指導行為的法則，換言之，即是「我們應如何處理此類事件？」；「我們為什麼要這樣處理？」；「我們依據什麼法則來處理？」當我們提問以上問題及對其反思、評論與判斷時，我們已進入了倫理學的議題中。

> **小思考...**
>
> 形上學：何謂人？
> 知識論：如何知道我們是人？
> 倫理學：人何以成為一個人？

1.1 / 倫理學的要義

我們先以中國的語意來說明「倫理」。「倫」者，意指「有輩；有類」之義，是表示人與人之間的各種關係。「理」者，意指「紋理；道理」之義，是指有條、有理、有原則、有標準。合而言之，「倫理」就是處理人們之間相互關係應有的原則。在中國最早見於秦漢之際時，漢朝學者戴聖《小戴禮記》中之《樂記》篇章，論及天地中和之理體現了自然界的和諧，人生於自然，便有中和之理以為性。當自然界的中和之理變成「人生而靜」的天理之性，便具有社會道德屬性，故而「天道」就是「人道」，「人道」也就是「天道」矣！《樂記》云：「樂者，通倫理者也」、「先王之制禮樂也，非以極口腹耳目之欲也，將以教民平好惡而返人道之正也。」「人道」之正，

亦就是「天理」之正；禮樂的作用就在於使人返回到自己的本性，即「人道」之正，與天地中和之理相統一。若不返回人道之正，就是「滅天理而窮人欲」，失去了樂的意義。正因為如此，樂是與倫理相通的。先王所作的樂，既合天理，又通人倫，二者在人性上得到了統一。也就是說，用以進行教化的音樂，既是符合天理，也是符合人性，故云：「德者性之端也，樂者德之華也」。

我們再以西方的語意來說明「倫理」。西方「倫理」之意源於拉丁文之「ethica」、希臘文之「ετησs」，是指風俗習慣，包括社會的一切規範、慣例、典章和制度。西方倫理思想發源於古代希臘。在西元前十二至前八世紀之間，希臘社會開始從原始氏族制度朝向城邦制度轉化，由於農業、手工業的發展和商業的出現，氏族的血緣結合與「風俗統治」，逐漸被社會階級制度和地域的利害關係所取代。於是，探求新的行為方式和生活秩序的道德思想逐漸從一般社會意識中分化出來，並在傳說、詩歌和寓言中反應出善惡、正邪、美醜以及「善人」、「完人」等道德觀念。又在西元前七至前六世紀之間，隨著城邦制度的形成和發展，處於社會階級制度的思想家們開始探求普遍的生活法則和行為方式。「七賢」的勸善格言，特別是梭倫(Solon, c.638-558 B.C.)[1]關於中庸和幸福的思想，成為古代希臘倫理思想的開端。

總而言之，倫理學的意義內容，是涉及行為之道德價值所在，倫理學的第一要義就是要給善下定義，而德行則被定義為是趨向於產生出善來的行為。直言之，符合道德最終目的的行為之事實，就是正當的行為，就是具有正面的道德價值的行為；違背道德最終目的的行為之事實，就是不正當的行為，就是具有負面的道德價值的行為。

1.2 / 倫理學的研究對象

倫理學是研究道德的科學，但由於歷史上倫理學派林立，對道德的認識與理解有很大差異，因而對倫理學所要研究對象的看法也很不一樣，概括而言，主要有以下幾種觀點：

1.2.1 倫理學的研究對象是「善」

倫理學所關心的是人應該如何活著。這說明倫理學在實踐上的重要性，「善」可能蘊含在傳統智慧中，需要人不怕被貼上「保守」的標籤去加以堅持；「善」也可能在新時代的思潮裡，要求人以「開放」的態度去解構既有的次序，來重構新的價值標準。顯然，探索「什麼是善」以及「如何擇善」這兩個問題，是人們安身立命所不能規避的功課。而二者也正是倫理學最根本的課題。

1.2.2 倫理學的研究對象是「人類的道德行為」

倫理學的基本問題應該是人的道德責任問題。所以，倫理學的基本問題就是：人應該承擔對國家、社會、他人、自己四個方面的道德責任。道德責任反應了倫理學最重要的特點。倫理學的特點是研究人類行為背後的價值。我們以善惡、正確和錯誤為標準來評價人類行為的道德價值。符合善的標準的行為就是有價值的道德行為，否則就是沒有價值的反道德行為。人類的道德責任是人類行為價值的載體，評價人類的行為有無道德價值，就要評價人類的道德責任。一般而言，負責任的行為就是有道德的、有價值的行為，不負責任的行為就是低道德或者低價值的、無道德或者無價值的行為。

1.2.3 倫理學的研究對象是「人類的幸福」

作為人類生活的「終極追求」和「根本目的」的「幸福」歷來是倫理學的核心範疇。傳統上以國民生產總值為核心的「經濟衡量指標體系」忽略了人類對幸福的訴求，扭曲了發展手段與目的的關係，引發了社會發展的不平衡，其弊端受到了越來越廣泛的批評。「國民幸福總值」作為對「國民生產總值考量體系」的糾正和補充，將人的主體性，特別是人類對幸福的追求放到了中心位置，因此是一種新的，更加全面的考量體系。要在正確認識和處理幸福與發展關係的基礎上，全面規劃人類的「幸福總值考量體系」，適時啟動「幸福總值考量體系」作為策略方針，是為政者與各企業負責人當考量的公共行政政策指標。

1.2.4 倫理學的研究對象是「道德原則和規範」

一定的社會階層根據其利益或需要並在道德生活經驗中形成的，用以調節人們的行為和相互關係的「道德原則與規範」。「道德原則與規範」是人們應當在社會關係一切領域中「普遍性」遵循的準則。它直接表達一定社會階層的根本利益和要求，從總體上規定個人利益和社會整體利益之間的應有關係，以及人們道德行為整體的基本方向。在實踐意義上，它是該社會各階層的「道德原則與規範」之重要依據，是人們應當無條件遵循的根本指導原則，也是從「道德原則與規範」上區別不同道德類型的重要標誌。

總而言之，上述的觀點都只是強調了道德的某一方面，是片面的、不完整的。倫理學是以道德現象為研究對象，不僅包括道德意識現象（如個人的道德情感等），而且包括道德活動現象（如道德行為等）以及道德規範現象等。倫理學將道德現象從人類活動中區分開來，探討道德的本質、起源和發展，道德水準同物質生活水準之間的

關係，道德的最高原則和道德評價的標準，道德規範體系，道德的教育和修養，人生的意義、人的價值和生活態度等問題。以現代社會而言，其中最常被探討的是道德與經濟利益和物質生活的關係、個人利益與整體利益的關係問題。

 ## 1.3 / 現代倫理學的基本課題

在倫理學的基本課題中，有學者認為**善與惡的矛盾問題**是倫理學的基本課題。有學者認為**道德與社會歷史條件的關係問題**是倫理學的基本課題。有學者認為**應然與實然的關係問題**是倫理學的基本課題。有學者認為**人的存在發展要求和個體對他人、對社會應盡責任義務的關係**是倫理學的基本課題。

目前倫理學的基本課題占主導地位的觀點，就是**道德和利益的關係問題**，其基本課題表現於：

(1) 道德和利益的關係問題體現了倫理學研究對象的矛盾特殊性。

(2) 道德和利益的關係問題是研究和解決其他一切倫理問題的前提和基礎。

(3) 道德和利益的關係問題貫穿於倫理思想發展的始終。

從上述三項基本課題將「經濟議題」與「個人與社會關係」加入提案討論，可歸納出兩個方面：

(1) 經濟利益和道德的關係問題

即是經濟關係決定道德，還是道德決定經濟關係，以及道德對經濟關係有無反作用。總體而言，道德意識與物質利益，何者處於主導地位的問題，決定著對道德本質、規律、作用等問題的回答。也就是說，決定著倫理學的哲學基礎是唯物論還是唯心論的問題。

(2) 個人利益和社會整體利益的關係問題

即是個人利益服從社會整體利益，還是社會整體利益從屬於個人利益問題。總體而言，個人利益與集體利益，何者處於主導地位的問題，決定著倫理學所建構的道德規範體系的基本原則。也就是說，是個人主義還是集體主義的問題。

但也有人提出，**「善與惡的關係問題」**才是倫理學的基本課題。因為善與惡是道德中的特殊矛盾，也只有倫理學才研究善與惡的矛盾。善與惡的問題也是古今中外一切倫理學家、學派都要研究的中心和重點問題；善與惡的矛盾也是道德和倫理學發展的動力，並貫穿在人類生活的始終及其一切領域；善與惡也是倫理學範疇的核心。另外，也還有人提出**「道德與社會物質生活條件的關係」**是倫理學的基本課題；倫理學的基本問題是**「道德的性質、起源和標準問題」**；倫理學的根本問題是**「科學的說明什麼是善的問題」**。在上述各種觀點中，前兩種觀點**「道德和利益的關係問題」**與**「善與惡的關係問題」**都有其合理性，只是還不夠全面。後三種觀點**「道德與社會物質生活條件的關係」**、**「道德的性質、起源和標準問題」**和**「科學的說明什麼是善的問題」**卻都已經部分地包含在前兩種觀點中。倫理學的基本問題應該能涵蓋道德現象的各個部分，而不應該只涵蓋道德現象的一部分內容。

倫理學所研究的道德現象包括了**道德理論、道德規範、道德活動、道德心理**四個基本部分。那麼，道德與利益的關係也罷，善與惡的關係也罷，都不能涵蓋道德現象的這四個基本部分。所以，我們應當從道德現象的四個基本組成部分中分別找出各自的基本問題，這樣一來，倫理學的基本問題就必然有四個，而不是只有一個，其問題如下。

1.3.1 善與惡的關係問題是道德理論的基本問題

善與惡的根源、性質和標準等問題，是道德理論的核心問題。人類道德觀念起源於善與惡的現象及其矛盾。要是生活中沒有惡的危害性，人類也就不會去追求善。沒有對善的追求和對惡的爭戰，也就不會有道德問題和倫理學的存在。正如罪與非罪是法律意識的核心問題一樣，善與惡是道德意識的核心問題。但是，什麼是善，什麼是惡，不同的時代、不同的民族、不同的社會階層，往往有不同的看法，倫理學就是要科學揭示善惡標準的性質及演變規律，努力促進人們形成較為統一，且與自己所處時代相適應的道德認識。

1.3.2 義與利的關係問題是道德規範的基本問題

善惡標準同人們對利益的追求有直接關係。在一定範圍內，人們通過正當手段追求自己的利益，就是善的行為；採取不正當的手段去追求利益就是惡的行為。那麼，這個範圍的界線在哪裡？什麼樣的手段才是正當的？這就需要用道德規範來規定。世界上惡的表現有多種多樣，其中大部分同人們對利益的不正當追求有關。為了減少惡的現象發生，就必須對人們追求利益的行為進行規範。道德就是要通過調整人與人、人與社會、人與自然、人與信仰的關係來揚善抑惡；就是要通過調整現實與理想或實有與應有的關係，來引導人和社會走向更加進步、文明和理想的方向發展。所以，道義與功利，即義與利的關係問題，是道德規範體系所要解決的根本問題。

1.3.3 知與行的關係問題是道德活動的基本問題

道德理論和道德規範的實踐性都很強，如果脫離道德實踐，再好的理論和規範也沒有價值。道德修養、道德教育、道德評價等道德活動現象的核心，就是要解決知與行的問題。「知」，就是道德知識；「行」，就是道德行為。倫理學不僅要幫助人們提高道德認識，形成

正確的道德價值觀念，還要培養人們的良好品質和習慣，指導人們進行正確的道德行為選擇。知行關係，既是哲學認識論問題，又是哲學價值論和倫理學問題。

在中國哲學中，許多哲人曾就知與行的先與後、難與易、分與合等問題進行過長期討論。無論知識論還是道德論，都強調「行」的重要性。古者云：「行者乃知之端也。」也就是說「行是知的前提」，就相當於我們現在所說的「實踐是認識的基礎」。古者亦有「知行合一」之言，「不能行就不是真實的知」，就是在道德認識與道德實踐的意義上說的。只有道德的理論和規範，而不能付之實踐，見諸行動，就等於什麼也沒有。因此，倫理學的任務不能只是幫助人們認識道德現象，還必須深入研究知與行的關係，特別是要研究知向行轉化（內化）的機制，以便引導人們把道德理論和道德規範付諸實踐。

1.3.4 榮與辱的關係問題是道德心理的基本問題

榮辱觀念是將道德之知引向道德之行的心理機制。以守德為榮，以失德為恥，這是人類普遍的道德心理，也是人之為人的底限，是人格的基本點。人有恥感或羞恥心，是保持做人尊嚴的自因。一個人如果恬不知恥或不以恥為恥，就是自毀人格。人格就是做人的尊嚴、資格和價值。違背道德，自毀人格，就等於喪失了做人的尊嚴、資格和價值。正是這種榮辱信念，支撐著人類的道德實踐。

早在春秋時期，管子就提出了「禮義廉恥，國之四維；四維不張，國乃滅亡」（《管子·牧民》）的思想。孔子也提出「行己有恥」（《論語·子路》），認為「導之以政，齊之以刑，民免而無恥；導之以德，齊之以禮，有恥且格」（《論語·為政》）。如果說「恥感」是對善的否定性把握，那麼「榮感」就是對善的肯定性把握。有恥感就表明對善的認同和追求。沒有恥感就不能具體把握善，因而也就不能具體感受到為善的光榮和高尚。如果一個社會不以惡為

恥，沒有對恥的厭惡和鄙視，沒有對惡與恥的處罰，則既無恥，也無榮。由於榮與辱的重要性，決定了其必然成為倫理學的基本問題之一。

總而言之，倫理學的基本問題就是**善與惡、義與利、知與行、榮與辱**的關係問題。探討倫理學的這四個基本問題，是為建構完善、成熟的倫理學體系。換言之，評價一種倫理學體系是否完善、是否成熟的標準，就是要看它對倫理學的基本課題解決得怎樣，看它是怎樣回答善與惡、義與利、知與行、榮與辱的關係問題。這幾個基本課題解決好了，其他問題才有可能解決得好，倫理學的意義和價值也才能表現出來。

1.4 / 倫理學與其他相關學科的關係

倫理學與哲學有著密切的關係；哲學是倫理學的理論基礎，人們的世界觀和歷史觀對人們的道德實踐有著直接的影響。同時，倫理學與美學、心理學、社會學以及教育學等學科也相互影響、相互交融。隨著社會政治、經濟、文化和科學技術的發展，倫理學的理論在分化和綜合、對立和融合中逐步完善，其研究的領域也在不斷擴大。倫理學與有關學科的關係可分述如下。

1.4.1 倫理學與哲學

倫理學是哲學的一個分支學科，是對人類道德這個特定現象進行哲學思考的產物，倫理學與哲學有密切的聯繫。然其哲學是關於自然、社會和思維發展的最普遍的規律的科學；倫理學是關於道德的科學。哲學遵循理論理性，倫理學遵循價值理性。因此，不應將倫理學消融於哲學之中，以哲學取代倫理學。

1.4.2 倫理學與人類學

　　人類學是研究人類的生活、習俗、風尚、文物、宗教、文化的科學，而倫理學同樣要研究人類的風俗習慣、生活方式。人類學的研究成果可以為倫理學提供有益的啟示，同時，倫理學的研究成果也可以為人類學的深入提供借鑒意義。然其人類學是一種事實知識的科學，它重在揭示人類生活現象，究竟為何？是什麼？而不對之作善惡評價。倫理學與之相反，它要探求人類行為中的應當，說明倫理的原則，指出行為的標準，並對行為進行善惡評價。

1.4.3 倫理學與社會學

　　社會學的任務是描繪出社會生存活動的真實圖景，為決策者提供制定政策的依據，社會學研究的個體與群體關係以及文化規範、社會風俗等問題在很大程度上同時也是道德問題。社會學對社會體制的深入研究更可為倫理學研究社會倫理提供社會背景。而且倫理學所研究的道德問題本質上也是一個社會問題。然而社會學與倫理學畢竟有差別，社會學的研究對象不同於倫理學的研究對象。

　　就人的活動而言，社會學只研究成為習慣的群眾活動在某種社會制度範圍內的規律和影響，以及對當時群眾行為產生重大影響的個人特殊活動，而不注重於從這些活動的歷史意義方面著眼，也不研究對群眾行為並不產生重大影響的個人特殊活動。倫理學則除了研究成為習慣的群眾活動外，還研究個人的特殊行為和動機，並作出道德評價。

1.4.4 倫理學與美學

　　倫理學與美學是兩門關係最為貼近的學科。任何具有倫理學意義的現象都同時具有美學意義，一方面可以對其進行善惡評價；另一方

面又可以對其進行美醜評價。反過來，具有美學意義的現象很多也同時具有倫理學意義。既可以對之進行美醜評價，又可以對之進行善惡評價。然其二者卻有著各自不同的研究物件，並不能相互替代。善與美在現實生活中並不總是統一等同的。

1.4.5 倫理學與心理學

　　倫理學和心理學是在研究人的行為和動機方面有著密切關係的兩門學科。倫理學研究的道德意識、道德情感和行為動機本身也屬於心理現象的一部分；心理學也要說明人的道德意識在不同年齡時期的發展規律，揭示人的道德意識、道德情感和道德行為的形成過程。二者具有知識方面的互補性。然而倫理學研究的道德心理活動是把它作為社會道德現象的一部分來加以研究的，而且要對之作出價值判斷和評價；而心理學則只是把人們的道德意識作為心理現象來研究，並且只是當作客觀的描述性之研究。此外，心理學除了研究人們的道德意識外還要研究感覺、思維、意志、性格等其他心理現象；倫理學除了研究道德心理、道德情感外更要研究道德關係和道德活動等內容。

1.4.6 倫理學與經濟學

　　追溯西方經濟思想的發展歷程，古代經濟思想曾作為倫理學之一部分而被思考，即使在古典經濟學中，道德哲學也是一個揮之不去的背景，只是隨著經濟學技術化、公理化和科學化，二十世紀的主流經濟學才逐漸喪失了道德興趣。然而，經濟學要回到對現實問題的真正思考和解釋，就不得不深入經濟學公式背後的倫理問題。基於這樣的認識，復興經濟學中曾有的倫理旨趣已然成為當今的一股思潮。

1.4.7 倫理學與政治學

自從人類社會出現政治現象後，政治便與道德有著極為密切的關係。政治中的道德準則、政治學中的倫理觀念始終是政治研究的基本內容。在古代社會，人們通常認為，某種政治制度和政治行為必須以某種道德為基礎，政治也多以宗教道德為根據，社會習慣和社會習俗即為政治規範，道德觀念也是政治觀念，個人認同的是非標準和社會認同的權利義務在很大程度上是相吻合的，這可視為政治倫理學的最初形態。

在古希臘，政治與道德的結合產生了「正義」觀念的倫理政治觀，它把尋求善視為政治的最終目標。柏拉圖(Πλάτων, Plato, 427 B.C.-347 B.C.)的《理想國》，亞里斯多德(Αριστοτέλη, Aristotle, 384 B.C.-322 B.C.)的《政治學》均對政治倫理做了系統的研究。

在古代中國，政治思想一直沒有脫離倫理的影響，政治服從於倫理，政治規範道德化。它的倫理政治觀是以「仁」為核心的，《論語》、《孟子》等，成為中國最早論述政治倫理的著作。

在當代，政治仍離不開倫理，而整個人類面臨的各類問題日益成為政治問題，政治領域也出現了一些與道德有關的新問題，如政治發展、生態平衡、資源調配、政治反對國際恐怖活動等。政治學家從政治道德的整體上或從某個特定的角度和範圍去研究這些問題，賦予政治倫理研究新的內涵，使政治倫理學成為現代政治學和現代倫理學交叉的一門新興學科。

1.4.8 倫理學與宗教學

伴隨著人類認識能力的增強，倫理學的發展經歷了一個逐步拓展其研究範圍的過程。從對道德範疇的分析到對道德判斷的演繹，從對道德修養的推崇到對倫理規範的倚重，倫理學的發展經歷了許多主

題、關切點的轉換。在這個發展過程中，一些倫理學問題的討論經常涉及到一些宗教倫理範疇（如信、望、愛、四諦、善根等）與宗教倫理規範（如愛人如己、勿殺人、勿偷盜、去惡行善等），可以這樣講，倫理學的學科發展離不開對宗教倫理課題，也繞不開對宗教倫理問題的研究。於是，倫理學界的學者越來越關注宗教中的倫理資源，宗教倫理問題也被納入到倫理學的研究範圍。其實，這個拓展研究範圍的過程又是一個學科交叉、滲透的過程。

宗教倫理學就是從倫理學與宗教學相交叉的學科視角來對宗教現象進行分析，對傳統宗教的倫理資源進行深度挖掘，就一些倫理道德問題做具體、細化的討論。可見，宗教倫理學研究，不僅從廣度上而且從深度上，推進了倫理學的學科發展。

1.5 / 倫理學的分類

倫理學是以「**人性行為**」（human acts）為研究對象，尤其是關注人性行為的是非善惡性質的形式對象。「人性行為」不同於「人的行為」（acts of man）。「**人性行為**」是一種「**出於理智的認識與意志同意的活動**」或「**由人的自由意志自動自覺發出的動作**」，又稱為自由意志的行為。人性行為乃專屬於人、非其他存有者所能行者。人性行為按其實現於內或外又可分為內在與外在兩種：

(1) 內在行為

是直接發自主宰心及止於主宰心的行為，亦即指主宰心本身所有的意願意決。

(2) 外在行為

是內在行為的外顯或具體實踐，外在行為常以內在行為為基礎，人能只有內在行為而無外在行為，但不能只有外在行為而無內在行為。

一個與內在主宰心無因果關係的無心之舉，僅是一種人的無自覺意識的外在活動，不是外在的人性行為。至於人的行為，則指人性行為以外之其他有關人的任何活動。例如：肚子餓了想要吃東西、冷了想要多穿件衣服、難過時想哭等等，均屬於情緒或感覺官能反應。這些現象或反應並非人所專有，其他動物也有相同或類似者。人的行為或活動所關涉者乃人之動物性層面，無關乎道德，非屬於道德的領域，自然無道德價值可言。唯人性行為方有道德可言，也才能產生道德價值。

研究道德的方式，大致有兩種：

(1) **非規範的方式**：即只描述和分析道德，並不採取特定的道德立場。此類包含如下：

其一，描述倫理學(Descriptive Ethics)：

是指用描述和歸納的方法對社會道德進行經驗研究或事實研究的理論或研究方法。它主要研究歷史和現實中實際存在的和曾經存在的道德的實踐樣式和理論樣式，研究各種道德樣式存在的方式及其具體內容，研究道德樣式存在的社會背景材料。與規範倫理學相比較，描述倫理學著重的是描述而不是規定；與分析倫理學相比較，描述倫理學著重的是歸納而不是分析。

描述倫理學不期望從道德經驗或事實中得出一般性的道德理論，但它的研究對於再現人類道德歷史，概觀地把握現實道德具有重要意義，對於總結概括道德實踐經驗，制定道德教育的實際方法具有直接意義。在一般的倫理學研究中，描述倫理學並不特別列出來成為一個獨立的部分，它只是作為一種研究方法，與道德的理論的研究、規範的研究有機地結合在一起，相互說明和補充。

**其二，後設倫理學(Mata-Ethics)或稱為批判倫理學(Critical Ethics)及
分析倫理學(Analytical Ethics)：**

　　最初由新實證主義者提出，並為後來各派沿用，形成了直覺主義倫理學、感情主義、語言分析學派、倫理自然主義等派別。在新實證主義看來，只有後設倫理學才是真正科學的倫理學。其側重於分析道德語言中的邏輯，解釋道德術語及判斷的意義，將道德語言與道德語言所表達的內容分開，主張對任何道德信念和原則體系都要保持「中立」，並在此基礎上研究問題。其所提問與解答的是一些邏輯的、知識論的或語意學上的問題，如探究「對」、「好」、「義務」、「德行」等主要術語之意義，及道德推理的結構或邏輯等。在具體的研究中，有時機械地套用自然科學的機械符號和公式，具有形式化和脫離實際的傾向，此後曾受到許多倫理學家的批評。

(2) **規範的方式**：即採取一定的道德立場。此類包含如下：

其一，（一般）規範倫理學(Normaltive Ethics)

　　是指關乎於義務和價值合理性問題的一種哲學研究。直至後設倫理學在二十世紀出現以前，規範倫理學一直都是西方倫理學的基本理論形式。規範倫理學的任務，一方面在於說明我們人本身應遵從何種道德標準，才能使我們的行為作到道德上的善。

　　從作為一個學科的特點來看，規範倫理學通常被區分為兩個不同的部分：一般規範倫理學和應用規範倫理學。前者研究人類行為的合理性原則，主要是對諸如何種性質為善、何種選擇為正確、何種行為是應受譴責的等最一般的問題進行批判性研究；後者研究具體的道德問題，試圖用我們關於道德的一般原則來解釋和說明我們面對具體道德問題時所應採取的正確立場。

從倫理學家對道德本質所持的看法來看，規範倫理學又被區分為兩種不同的理論：目的論倫理學和非目的論倫理學。前者堅持一種行為是否道德，受該行為的結果決定。在這個意義上，目的論倫理學又稱為結果論倫理學。後者則堅持一種行為是否道德，受其結果以外的東西決定。在這個意義上，非目的論倫理學又稱為非結果論倫理學。

其二，應用倫理學(Applied Ethics)

應用倫理學已成為與倫理論理學在旨趣上相對地相異的研究，並形成了一些已經約定俗成的研究領域。從宏觀的視角探究應用倫理學在人類倫理學發展史上所占據的地位；如以應用倫理學對政治倫理、經濟倫理、科技倫理、環境倫理、生命倫理和性倫理等分支學科領域發展概況而論，應用倫理學展現了關注於倫理衝突、應對道德悖論的理論品格，突顯了應用倫理學對倫理諮商程式的高度重視，描繪了在塑造道德共識的過程中不同的倫理思潮、學說和價值訴求所起的作用，提煉和總結了應用倫理學的道德規範的總體架構以及應用倫理學根基性的倫理原則；倫理學一向被稱為實踐的研究，以這一事實為出發點，通過：

(1) 應用倫理學的概念意義是什麼？

(2) 應用倫理學應用什麼？

(3) 應用倫理學應用於什麼？

(4) 應用倫理學為了什麼而應用？

(5) 應用倫理學怎樣應用？

這五個緊密相互聯繫的問題，相關領域的應用倫理學可提出一種原則應用模式的行動性的定義，並辯護這種應用倫理學。[2]

1.6 / 結 語

　　總而言之，倫理學是一門既古老，又是恆古常新的科學。在整個人類社會不斷發展和進步中，倫理學必然趨向著統一、綜合的方向發展，逐漸成為代表社會普遍利益的特殊表現形式。社會的進步無疑會促進社會中個人的進步，人們在體力和智力方面發展的同時，也將產生在道德上發展自身的需要。

　　科學的倫理學，正是在引導和幫助人們培養高尚的道德品質，形成崇高的道德境界，造就道德上的完善人格等方面，起著重要的作用。倫理學在社會價值中的不斷提高，具有日益重要的實踐意義和廣泛的實用性。隨著人類社會實踐的發展，尤其是科學技術在廣度和深

小思考…

五大步驟進行倫理案例研討：
1.事實的描述。
2.重點的分析。
3.可能的選項。
4.評估與檢討。
5.決定與建議。

度上的擴展和深入，新的研究領域不斷開拓，新的問題不斷提出，倫理學也將發生程度不同的反應。例如，隨著科學技術向宏觀方面的發展，出現了人和周圍的自然環境、地球、宇宙關係中的道德問題，這就相應地產生了環境倫理學、生態倫理學、宇宙空間倫理學等等。科學技術亦在微觀方面深入，例如，試管嬰兒、借孕生子、基因移植等問題上的出現，必然帶來一系列新的道德問題，需要從理論上給予回答，由此也將形成相應的應用倫理學說。

　　在專業領域上的職業倫理學方面，亦隨著新的技術革命引起產業結構的改變，社會分工和勞動組織、行業在新的條件下發生的變化，也將不斷分化出新的職業倫理學科。這一切，都推動著倫理學在形式和內容上向多方向、多層次方面發展。職業倫理是在於倫理學的應用上，以專業分工的不同而產生多元化向度的新的倫理學問題；專業服

務應用倫理學，正是要因應社會型態的轉變，人與人之間的經濟行
為、人際關係、人與自然環境的關係等的變化，在各個專業領域急需
建立倫理規範，作為依循之方向，如此才能促進勞資雙方、主客之
間、環境生態與職場之間的和諧。我們將於第二章及第三章中更詳盡
的闡明規範倫理學與應用倫理學，作為研究進程，以齊備學習課程的
基礎建構；因其關乎專業服務應用倫理學的整體理論應用原則。

📢 名詞解釋

1. 倫理學

2. 道德

3. 善

4. 義

5. 幸福

6. 規範倫理

7. 描述倫理學

8. 後設倫理學

9. 應用倫理學

🔵 問題討論

1. 倫理學的要義為何？

2. 倫理學的研究對象為何？

3. 現代倫理學的基本課題為何？

4. 關乎於倫理學的相關科學有哪些？

5. 請比較規範倫理學與非規範倫理學之要義？

6. 請試論倫理學於現今社會的重要意涵？

7. 道德成熟人應具備什麼條件？

本章註釋

[1] Solon (ancient Greek: Σόλων, c. 638 B.C.–558 B.C.) was an Athenian statesman, lawmaker, and elegiac poet. He is remembered particularly for his efforts to legislate against political, economic and moral decline in archaic Athens. His reforms failed in the short term yet he is often credited with having laid the foundations for Athenian democracy.

[2] Applied ethics is becoming a study that is relatively different from theoretical ethics in its interest. Consequently, some fields have been explored through customary research efforts. Starting from this, and by asking and answering five closely co-related questions, namely, (1) what meaning there is in placing 'applied' prior to 'ethics', (2) what applied ethics applies, (3) to what applied ethics applies them, (4) why and (5) how applied ethics applies them, this treatise tries to propose an acting definition of a principle-applying mode of applied ethics and then defend it.

APPLIED ETHICS OF
PROFESSIONAL SERVICE

規範倫理學

西方哲學家一直企圖尋找某種獨立於人們日常道德觀念的客觀正確之道德原則，尋找這些原則和體系的哲學反思活動就是規範倫理學(normative ethics)。當時哲學家提出以「**什麼使得一個行為成為一個道德的行為**」作為規範倫理學的核心命題，來進行系統性的闡述。它的中心關切點不在於道德概念或道德方法，而是實質性的道德問題。它的基本目標在於確定道德原則是什麼，這些原則指導所有的道德行為者去確立道德上對的行為，並提供解決現存的倫理分歧的方法。

規範倫理學通常被劃分為兩個類別：

(1) 效果論或目的論的倫理學

它主張行為本身並無對錯之分，而是在道德上由它們所引起的善惡後果所決定的。正當的行為是產生善超過惡的後果的最好可能平衡的行為。效果論的規範倫理學包括倫理利己主義、契約主義、倫理利他主義和功利主義。它也被稱為目的論的倫理學。

(2) 非效果論的或非目的論的倫理學

它認為，道德上的對錯不是訴諸於行為的後果決定的，或至少不單獨為行為的後果所決定。這種觀點的另一種名稱是「道義論」（詞源來自希臘詞deon，意為職責），因為它把職責看成是有著先驗獨立的價值。規範倫理學和後設倫理學的區分出現在二十世紀的中葉前期，但近來已經不再那麼嚴格的分類了，因為將倫理學清楚地區分為兩種類型是非常困難的。許多倫理問題既是後設倫理(metaethics)的類別[1]，亦是規範倫理的類別。

概括而言，規範倫理學是對道德觀念和道德判斷進行系統性瞭解，並對道德原則的合理性加以探討，其主要目的是在建構有關行為規範的基本原則，以作為人們日常生活中面臨道德問題時的行動指南，使人們便於鑑別和選擇。其中心論題是「**拿什麼來作為決定善惡或好壞的標準**」。以下我們以義務論、目的論、德行論三方面來作提論探討。

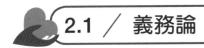

2.1 / 義務論

　　義務論(deontological theory)始終是倫理學的重要論證，它通過「道德律」或「道德原則」，對吾人之心靈狀態與行為取向，做合乎道德性與倫理性的規範。道德與倫理都不可能孤立或絕緣於社會文化之外。而分辨義與不義，也同時可能引發一些與多元的人文脈絡、多元的生活層級及多元的主客觀向度相牽連的思考。因此，德性或德行(virtue)之不同於法律、習俗與吾人慣常之行為模式，即在於道德思考自身本有之嚴格性、規範性與形式性意義。

2.1.1 義務論簡述

　　義務論是根據其「**行為內在本質**」、「**道德原則的一致性**」和「**行動的原因**」，而判定其所採取的行動是對或者是錯，而不完全由行為所造成的結果來決定其對或錯。康德認為，為了追求利益，而做的行為就不是道德的；反之，為了道德義務本身而做的行為才是道德的。因此道德義務不是一種條件性的，而是絕對性的。基於此，康德稱之為「無上命令」(categorical imperative)或稱為「定言令式」。而以這種「無上命令」為基礎的義務論[2]，可分為兩個道德原則：

(1) 吾人應使其行為能符應於普遍法則；一般人都能依其普遍法則而行。

(2) 義務論的目的是基於對於人性之尊重，不能將其視為只是工具性的模態，而要將之視為目的本身。

　　義務論的優點，是得以兼顧道德尊嚴，因為要求不可以為任何目的而守義務，卻應該為義務而義務，而且人應自律地遵守義務，而不是經由外力強迫才遵守義務。將義務論應用於專業倫理，然其所應遵

守的規範，皆予以明確的規定，較容易學習，如其各種守則、公約，皆可在團體會議中經由討論、達成共識，而訂定規範，並經由認知、學習，而共同守約。

但若只是一味強調規範與義務，對於追求自我實現與自由創造之現代社會，則會導致無法全然接受，而且易於將人人推向無德的境界。例如，在日常生活裡如果偶爾犯規，卻沒有被發覺，便會充滿小小的快樂，久而久之，便會不覺得遵守規範是為人性的實現關係。

義務論者相信，一項行動或行為在道德上可以是正確的，即使它無法產生「好」(good)多於「壞」(evil)的最大平衡狀況。義務論分成以「規則」(rule)為基礎的義務論，和以「行動」(act)為基礎的義務論。前者為規則義務論(rule-deontology)，規則義務論接受可普遍化原則，並且主張道德判斷是基於道德原則而作的。例如：「我們不應講大話」、「我們要守諾言」、「我們不應殺害無辜」等等。後者為行為義務論(act-deontology)，行為義務論者視每一個行為皆是獨一無二的倫理事件(a unique ethical occasion)，我們必須憑良心(conscience)或直覺(intuition)來決定其對錯。所以行為義務論是訴諸良心或直覺，似乎不容許做任何的辯證。例如：「依你的直覺對病人講真話是對的，但依我的直覺則是不對的，那麼大家的道德討論就此打住，無可繼續辨析。至多，大家勸對方再問問自己的良心。所以，我們可以說，個人心中一把尺，你我本非同根生，何有標準共度量？」

簡單的說，規則義務論運用倫理原則設定各種指導個人行為的規則；而行動義務論則是個人運用倫理原則依不同情況做決定。道德涉及一個普通的要求，倫理學將此稱之為「可普遍化原則」(the principle of universalizability)，如果可普遍化原則是成立的話，則行為義務論便站不住。因此，規則義務論是比較合理的義務論。

2.1.2　康德的義務論

　　談到義務論一定要瞭解康德義務論，這是學習倫理學領域不爭的事實。康德(Immanuel Kant, 1724-1804)的義務論是最有名的義務論。康德將人類至高的道德法則稱為「無上命令」，是一種良心的道德律，凡是合乎律令法則的行為本身就是善。康德是第一個把責任(duty)當成道德核心概念的哲學家，他認為決定一個行動之道德價值的是「道義責任」，強調道德的優先決定條件是善的意志(good will)。

　　所謂善的意志，是指依照道德要求去選擇行為的意識傾向。善良意志表現在於一個出自於特定的善良動機所作出的行為，即是出自於責任感或者是服從法律的行為法則。責任，是尊重法律來行動的必然結果。對康德而言，道德的核心不在於我們做了什麼事，而在於我們行動時的動機；當我們要討論某行為的道德價值，我們考慮的不是可見的行為，而是那些看不見的內在於行為的原則。

　　康德在倫理學上的主張，曾提出了三項命題：

(1)　第一個命題

　　有道德價值的行為必須是因義務而為。

(2)　第二個命題

　　一個因義務而為的行為，其道德價值不在於由此行為所達成的目的，而在於決定此行為的所要遵行的原則。

(3)　第三個命題

　　義務是尊敬法則的必然行為。

另外，康德也以三種不同形式來表達其無上命令的道德法則：

(1) 普遍化原則

　　只依據那些你可以同時願意它成為普遍法則的準則行動。

(2) 目的原則

　　不論對待自己或他人的人，都要當成目的，絕對不能當成只是手段。

(3) 自律原則

　　每一個理性存在者的意志就是制訂普遍法則的意志。[3]

2.1.3　洛斯的直覺論

　　洛斯(W. D. Ross, 1877-1971)的直覺論，一般稱之為直覺主義(intuitionism)[4]。之所以被稱為直覺主義，是因為他認為某一個或某些道德概念是根本的、直接的，因為概念是不可被定義的，也就是說我們對概念的掌握是靠直覺。洛斯強調一個行為的對與錯，是在行為本身，而不是決定於行為所產生的結果。

小思考...

想想你今天
1.生活中的表面義務有哪些？
2.說說此時此刻你應該執行的實際義務為何？

　　洛斯將其「責任」或「義務」分為兩種：

(1) 實際義務(Actual Duty)

　　其所指的是一個人實際應該執行的義務。

(2) 表面義務(Prima Facie Duty)

　　其所指的是在行為上具有使其成為在道德上是對的特性。此特性使一個行為具有成為道德義務的傾向，是關乎於行為的客觀事實。所以洛斯也稱之為條件義務。也就是：「如果X是使A行為成為道德上對的特性，則X被稱為是一個表面義務。」

　　然而，表面義務並不是我們實際上應該實踐的義務，它是否成為我們應該實踐的義務，那就必須滿足某些必要的條件，如果我們應當實踐某一個表面義務時，它已經不再是表面義務，而是我們的實際義務了。如以實際情況而言，一個表面義務是有可能成為一個實際義務，在一個行為所有的特性當中，如果沒有其他表面義務比這個表面義務更重要時，則這個表面義務就成為實際義務。例如：某位醫師已答應去赴朋友的餐會，信守承諾是普世俗成共通的倫理公約，但在他將離開醫院的當下，有一位急診病人病情危及，急需他救治之時，此時赴朋友餐會的責任就變成表面義務，而救治病人就變成實際義務。

　　直覺主義又有所謂自明的表面義務與非自明的實際義務。實際義務所做的事情必對應到自明的(self-evident)七種表面義務，包括：

(1)　忠誠(duties of fidelity)

　　一旦我們過去對他人有承諾，我們就有遵守諾言的表面義務。

(2)　補償(duties of reparation)

　　這是基於對過去錯誤行為的回應，如果我們曾經傷害過別人，就會產生補償他人的表面義務。

(3)　感恩(duties of gratitude)

　　這是因為他人以前對我所做的行為，因此我對施恩者具有感恩的表面義務。

(4)　公平或正義(duties of justice)

　　對於不依功勞分配幸福的事實或可能性，我們有表面義務要實踐正義。

(5)　行善(duties of beneficence)

　　這個表面義務的產生，是基於他人的生存條件可以藉由我們的德行、智力，而能夠得到改善的事實。

(6)　自我改善與發展(duties of self-improvement)

　　每一個人都可以藉由自己的德行和智力改善自我條件的事實，構成這一表面義務。

(7)　不傷害別人(duties of not injuring others)

　　由於我們不希望自己被別人傷害，所以也會有不應該去傷害別人的表面義務。[5]

　　洛斯認為沒有其他的表面義務是比這七種更嚴格的或可以再加上去的。當兩個表面義務衝突時，解決衝突的方式是以一個行為所具有之特性的嚴格性，作為考量的依據。在決定一個行為的對與錯時，不僅僅以單一的一個元素做決定，而是從行為中找出哪些特性是決定因素行為的對與錯。

2.2 ／ 目的論

　　在過往的數十年裡，關於道德論證的爭論，與義務論相對立的主張就是目的論(teleological theory)。義務論倫理學的基本思路是：判斷一項行為的道德價值，不在於行為所達成的目的或效果，反之，目的論倫理學的基本取向是：**判斷一行為的善惡好壞，取決於該行為所達成的效果。**

2.2.1　目的論簡述

　　在哲學上，用目的解釋世界的哲學學說稱為目的論，它認為某種觀念的目的是規定事物存在、發展及其相互關係的原因和根據。目的論可分為兩種，一是「外在目的論」，認為世界上的事物之所以發生

並井然有序，都是事物之外在因素所安排的[6]；一是「內在目的論」，是指某東西的存在目的，是為了自然而然達成完善自己這個目的[7]。過份強調外在最終目的，很容易凡事都訴諸鬼神，導致迷信。內在目的論則提供了上帝或其他超自然力量存在的論據，也是智慧設計論的理論基礎。

如果將認為倫理學應當建立在「好」或「善」這一價值論的範疇上的人，則被稱為「目的論」者。目的論的思路在倫理學理論的發展過程中曾深具影響力。在歷史上，目的論的理念皆被視為起源於或者是承襲於亞里斯多德的理念；其後又有康德探究其目的論的原理，而黑格爾也以目的論作為思辨哲學的中心思想。但是在當代此學說卻變得起伏不定了，有許多的學說都被統稱為「目的論」，或者稱為「效果論」。簡單的說，目的論是一種以目標為導向的理論，認為一個行為的對或錯，是依據所產生的結果來判斷，其完全決定在該行為所實現的目的或結果而論。

所以，在倫理學觀點上，目的論則被視為與「義務論」相對。認為道德行為總是為了達到一定的目的，或取得一定效果而為之。因此，道德責任、應該、正當等來自行為的結果和價值，評價道德行為正當與否的標準是它可否造成最大可能的好結果。對持各種目的論觀點的倫理學者來說，對什麼是善或價值這一問題的回答是不一致的，例如有人認為善就是快樂或幸福等。

2.2.2 效果論(Consequentialism)

雖然，在規範倫理學中，主要的分歧可以說是義務論(deontological theories)和目的論(teleological theories)之間的分歧；但是，也有的學者如彼得‧辛格(Peter Singer, 1946-1650)[8]則認為：目的論可為更直接的術語以「效果論」取代之。這個術語的使用，可追

溯至安斯康(G. E. M. Anscombe, 1919-2001)，她所題名為《現代道德哲學》(Modern Moral Philosophy)[9]的論文提及，現在人們慣例上把道德理論劃分為「效果論」和「非效果論」，兩者也分別被稱為「目的論」和「非目的論」倫理學。

效果論或目的論倫理學認為，一個行為的價值完全由它的後果所決定，因而提出倫理生活應當是具前瞻性的，即是關乎於把行為後果的善加至最大，把壞的後果減至最小。功利主義和實用主義是效果論的重要代表。有時效果論也被劃分為**嚴格的或規則效果論和極端的或行為效果論**。功利主義者認為，如果一個行為符合能導致比其他規則更好後果的規則，那麼這個行為就是正當的。實用主義者認為，一個行為對於行為者的可選行為而言，如果它能帶來較好後果，就是正當的。效果論的另一種形式被稱為「動機效果一致論」，它主張一個動機如果打算帶來最好的後果，它就是（好的）善的。

效果論在當代倫理學中始終受到批評。它主要被批判有不足的部分，被認為有如下幾點：

(1) 它是行為者中立的

因為它忽略了道德行為者本身的利益、規劃、個人關係，要求行為者作無限制的犧牲。因此這是非個人的和無利害關係的觀點。這一點受到「常識道德者」、「直覺主義者」，尤其是以行為為中心的「德性倫理學者」的斥責。

(2) 效果論過分強調了善的後果之重要性

因此隱含著這樣的可能，即任何行為，不論如何不道德，只要能帶來最好的後果，就可證明其合理性。換言之就是主張，後果是先於道德的，因而嚴重地違背了道德常識。

綜合而論，人的道德行為，都是在一定的思想動機支配下進行，並產生一定的效果。一般而言，行為的動機與效果在大多數情況下是一致的，好的動機引出好的效果，壞的動機引出壞的效果。在這種情況下，無論是根據動機還是根據效果，評價的結論都是一樣的。但是客觀事物的發展受到各種條件的制約，人們對客觀事物的認識也有一個過程，在實踐中動機和效果有時會出現不一致，好的動機有時會產生壞的效果。

當動機與效果不一致的情況時，是根據動機還是根據效果來進行事物評價呢？動機論者認為：人的行為的道德價值，只在於動機之中，與行為的效果無關，只要是出於善良動機的行為，不管其效果如何，都是合乎道理的。與此相反，效果論者則認為：效果的好壞是判定行為善惡的唯一根據，只要效果是好的，不管其動機如何，這個行為都是善良的；只要效果是壞的，那這個行為就是惡的，不合道德的。但在道德評價上應該堅持動機與效果的辯證統一。既不能簡單地以效果來判斷動機，也不能以動機代替效果，應該聯繫全部事件過程來進行該行為的道德評價，將效果與動機結合起來加以綜合判斷，才能得出符合實際的結論。

總而言之，古典目的論倫理學到了近代演化為功利主義，功利主義幾乎成為目的論的唯一形態。人生和至善的思索被以功利原則對行為的理性推論所取代，這與近代社會的世俗化及資本主義的興起有關。人際倫理取代人生倫理成為人們主要思考的物件，對規則的需求超過了對美德的需求，我們應該做什麼的問題壓倒了我們應該成為什麼樣的人的問題，行為正當和制度正義的問題突顯出來，而對內在心性品德和完善的思索相形之下不那麼重要了。社會急需建立規範原則以調節日益增加的人們行為上的權利和義務關係。

2.3 ／ 德行論

　　德行論倫理學相信道德是漸進發展的，道德不是突然在某些關鍵道德抉擇時出現的，而是在一點一滴的日常生活道德實踐中逐漸培養出來的；它強調的不再是我應該做什麼「事」，而是強調我應該成為什麼樣的「人」，而且這個「人」應該具備穩定的品格特質；所以，德行論倫理學固然認為實踐道德是件至關重要之事，但它並不認為道德實踐只是嚴格地遵守道德法則，而主張應該考量到行為者的習性、動機、需求與情感；道德實踐固然應考慮到行為主體的個別性，但更應該自主體所處的外在環境著手，建立符合傳統及團體脈絡的德行觀。

2.3.1　德行論簡述

　　德行論(virtue ethic)學者認為效果論（目的論）和義務論有許多相同之處，兩者的差異只是在於道德義務是先於或後於「善」的概念論點之不同，將德行視為次要的，必須預設「對」或「善」的概念，則是它們共同的主張。而德行論則是由「對」或「善」的概念導出。

　　西方的傳統德行論倫理學，可追溯到希臘哲學家柏拉圖和亞里斯多德。我們簡述如下：

(1) 柏拉圖之德行論

　　柏拉圖的主要論點是：「有道德的人比沒有道德的人最後結果為佳」。強調的是「道德之所以產生好的結果，不是基於個別行為」，而是基於「正義」的品格，與效果論者的主張，強調行為的對與錯以最後結果為依歸是不同的。

(2) 亞里斯多德之德行論

亞里斯多德對德行的闡述為「德行是一種習慣養成的氣質傾向」。強調人格的德行養成，以及如何培養德行卓越的人，所以道德重點是在塑造每一個人都具有優良的德行，使每一個人都能成為有道德的人，都具有善的動機傾向，而不是謹守著某些道德教條。[10]

(3) 多瑪斯之德行論

多瑪斯德性倫理學所專注的是如何成就聖賢人格、重視人的性格特點，問及「要成為什麼樣的人？」、「我該是怎樣的人？」，多瑪斯認為德性是一種使人易於行善的習慣；完美的幸福在於看見上帝的本質。他認為這是人性自然本性之傾向，也就是理性的四樞德：智、義、勇、節，其作用在於使得人性完美。

他討論德性之時，更注重於超越性的德性(supernatural virtues)：信、望、愛，三種神學的美德。對於多瑪斯而言，倫理學不是僅止於關乎責任或公平的教導，更要達到「被造者」的標的（人是受造物，為上帝造物主所造）；人終將面見上帝(the vision of God, to see God)，與神連結；其行善的最高峰，不是靠人，而要靠神的恩典；人類德性的完成，關乎於上帝的恩典。人類德性最基本的原則是合乎「正當的理性」，而正當的理性所產生的第一倫理原則是「行善避惡」。但行善有其客觀的行為法則，其法則乃是「自然法」，通指「個人良知」，故此，自然法與良知，乃人性普遍共通之「判准」。

在《駁異大全》中，多瑪斯提到以「律法」來作生存的指導，律法乃是神律(divine law)，而人類是理性的受造物，便應當接受上帝的指導生活，律法唯獨賜給理性之人，律法是理性的方案、運作的規則，符合人受造的目的；律法的目的在於引導人類歸向人類生活的歸

宿：律法的宗旨是道德、善良的行為，而最終極的德性則是歸屬於上帝。在信望愛三達德的律法戒命中，以「愛」德為最高的戒命，聖經新約的「新的律法」(the New Law)也就是愛的律法，即上愛上帝且下愛世人，多瑪斯甚至認為這是屬於自然法的內容，合乎所有人類共通的本性。

路加福音10:27：「你要盡心、盡性、盡力、盡意愛主 你的 上帝；又要愛鄰舍如同自己。」為其終極關懷的大使命。多瑪斯的倫理思想在倫理思想發展史上具有重要的地位。他的倫理思想既起著使宗教倫理世俗化，世俗倫理宗教化的作用；同時又起著使倫理學由德性倫理學向規範倫理學轉化的仲介作用。多瑪斯完成這兩種轉化的工作具體體現在他把古希臘亞里斯多德德性倫理學與基督宗教神學律法思想結合起來。

(4) 儒家德行論

中國的傳統德行論倫理學是以孔子為倡導人。子曰：「天生德於予，桓魋其如予何！」（《論語‧述而》）德行是人天生所具有的，是人之為人的基本特質；孔子又言：「仁遠乎哉？我欲仁，斯仁至矣！」（《論語‧述而》）仁並不外在於人之外，而是在人之內，只要你能夠內求，則仁遠乎哉！所以，「苟志於仁矣，無惡也。」（《論語‧里仁》）但是依照孔子的人性論，其卻主張性相近而習相遠，雖然我們天生賦有德性，可是在後天的環境中會影響到我們的品德，這和亞里斯多德的德性之習慣說是相類似的。為了能夠讓我們的德性不會有所偏差，孔子希望能夠以聖人之德來做為自我學習的對象。「周監於二，鬱鬱乎文哉！吾從周。」（《論語‧八佾》）而這些聖人的作用就如北斗星一般是為眾星所環繞。

若言及德行與為政者之關係為何？孔子有言：「為政以德，譬如北辰，居其所，而眾星共之。」（《論語‧為政》）因此，一個為

政者也要能夠從德行來教導人們，人們才會有恥且格。孔子又言：「道之以政，齊之以刑，民免而無恥。道之以德，齊之以禮，有恥且格。」（《論語・為政》）因為德行是人們天生所具有的特質，只要啟發他就可以，不必靠著外在的刑法與政治來治理人們。所以孔子說：「汎愛眾；而親仁。」（《論語・學而》）、「苟志於仁矣，無惡也。」（《論語・里仁》）親近仁者，以仁為志向自會保有德行；故而，孔子又言：「志於道，據於德，依於仁，遊於藝。」（《論語・述而》）

若要問其德行有哪些？子張曾問仁於孔子。孔子曰：「能行五者於天下，為仁矣。」子張進一步問道：「請問之」，孔子曰：「恭、寬、信、敏、惠。恭則不侮，寬則得眾，信則得人任焉，敏則有功，惠則足以使人。」（《論語・陽貨》）

若問其德行當具備哪些條件？孔子有言：「君子有九思：視思明，聽思聰，色思溫，貌思恭，言思忠，事思敬，疑思問，忿思難，見得思義。」（《論語・季氏》）孔子又言：「剛毅木訥，近仁。」（《論語・子路》）、「中庸之為德也，其至矣乎！民鮮久矣！」（《論語・雍也》）、有子曰：「君子務本，本立而道生；孝弟也者，其為仁之本與！」（《論語・學而》）這些德行都是孔子明說要成為一個仁者所必備的基本德行。

整體而言，儒家的德行論可歸納為二點：

其一，本有善性的實現

每一個人本有能力可以自由發揮，得到全面的實現，這是本有能力的卓越化，以追求卓越人生為目的。

其二，性格的特性

德行不只是天生的特質或氣質，而是經由學習而得來的，是性格的特性。所以德行倫理學所要探討的主題是，如何培養卓越的人，也

就是說如何使人成就聖賢人格。因此，德行倫理學在主張倫理道德教育上，強調如何自然地依自己的特質去模仿理想人格。

2.3.2 當代德行論

不同時代的思想家對德行有不同的思考向度，在西方傳統較難找到單一的核心德行觀念。不只是不同思想家對德目的看法不同，而且對於哪些德目比較重要，也有不同的優先順序。德行和社會秩序的關係，也因時代而有所改變。

麥金泰爾(Alasdair Chalmers MacIntyre, 1929-)的德行論[11]則認為：德行是一種品質，可使人們成功地執行社會角色，即執行依社會功能的角度所作定義的角色，也就是在西方要將康德的義務論，轉回到亞里斯多德的德行論倫理學；在東方則是轉回到孔孟的「德性論」倫理學。德行可使人們完成特殊的人生目的，不論是自然的或超自然的，亦即人們可追求依據德行而為的幸福生活。德行是邁向成功的手段，亦即人們若能接受道德或社會生活的某些樣態，並身體力行，最後一定可以功成名就。

德行論者，其所重視的是「我應該要成為什麼樣的人」，基於個人想要成就的人格特質，去努力培養相對應的氣質傾向。注重未來具有良好能力的發揮，且在發揮自我能力的過程中，也注意良好關係的建立。特別強調道德判斷的訓練勝過對義務的學習，良好習慣的培養遠勝於強調自律。麥金泰爾認為當代人類的道德實踐處於深刻的危機中，這一危機體現在三個方面：

(1) 社會生活中的道德判斷的運用，是純主觀的和情感性的。

(2) 個人的道德立場、道德原則和道德價值的選擇，是一種沒有客觀依據的主觀選擇。

(3) 從傳統的意義上，德性已經發生了質的改變，並從以往在社會生活中所占據的中心位置退到生活的邊緣。

所以，麥金泰爾進一步表示，當代西方道德衰退的根本原因，是由於歷史的變遷而拒斥了以亞里斯多德為中心的德性傳統。因此，要清楚地認識當代道德危機的性質，就必須追溯這個傳統：

(1) 以荷馬為代表的英雄社會的德性

所謂英雄社會，是指古希臘和中世紀歐洲各國基督教傳入前後的英雄傳說或傳奇反映的社會。這個系統的關鍵結構是親屬關係和家庭的結構。判斷一個人也就是判斷他的行為；判斷一個人的德性和惡行的依據，在於他在具體環境中所作的具體行為。如勇敢，它是維持一個家庭和一個社會共同體的必須特質。

(2) 以雅典的德性、亞斯多德的德性論

西元前五世紀的希臘人有一套被普遍接受的德性概念。如友誼、勇敢、自制、智慧、正義等。但是，在各個德性的要求是什麼，為什麼把這些看作是德性等問題上都存在廣泛的分歧。這時的德性論是與城邦政治有其不可分割性，德性的實踐是在城邦中進行，而且是依據城邦，德性才可得到界定。

以亞里斯多德的德性論而言：

其一，**人性與德性的關係**：是一種「偶然成為的人」與「一旦認識到自身基本本性後可能成為的人」之間的重要對照；倫理學是一門使人懂得如何從前一種狀態轉化到另一種狀態的科學。

其二，**共同體與德性的關係**：共同體成員對善與德性的廣泛一致的看法，使得公民之間的連結成為可能。

其三，**核心德性**：為理智德行，如明智。

(3) 以中世紀的德性

麥金泰爾認為，中世紀之所以是一個始終與亞里斯多德對話的歷史時期，是因為：其一，中世紀的社會秩序不可能拒斥英雄的德目表；其二，中世紀的社會結構是亞里斯多德的德行得以實踐的社會結構；其三，中世紀社會中，亞里斯多德的德性，是在基督教的律法道德中心位置的歷史條件下被實踐的，中世紀需要一種這樣的社會秩序。麥金泰爾的德性論是與實踐的關係密不可分。

在麥金泰爾看來，要闡明德性，首先要闡明實踐，麥金泰爾賦予「實踐」這一概念不同於學術界通常使用它的含意，認為實踐就是通過一定的人類合作協調性活動方式，在追求這種活動方式本身的卓越的過程中，獲得這種活動方式的內在利益。

以整體而言，麥金泰爾是將德行歸納為三類：

(1) 德行是一種品行，可使人執行社會角色。

(2) 德行可使人完成特殊的人生目的，不論是自然的或超自然的。

(3) 德行是實現成功的手段，也就是說德行是一種效益。

麥金泰爾更進一步以「實作」的概念定義德行，認為德行就是人類所獲得的品行，擁有和運用這種品質，可以使我們達成內在於實作的善，他並指出正義、勇氣、誠實三種德行是充分達成任何實作之內善的必要條件。

最後我們要說的是，在倫理學中，最常面對的一個問題就是人生的目的是什麼？在亞里斯多德的倫理學中，認為世間一切事物皆向著「善」(good)為目的，但其目的的表現各不相同。每件事的價值都要從它追求的目的中求得，而這個目的的價值，又從下一個目的中求得。如果推算下去，就必須有一個盡頭，而這個盡頭的意義即在自身

之中，不必再無止境的去尋找，而這就是善自身，是最高的善。人生的目的就在於追求幸福，而德行的目的就是追求幸福。但這並不代表德性倫理學是一門效果論，而且在過程中也並非為追求幸福而做。德性倫理學比起其他倫理學優秀的地方，就在於德性倫理學著重其行動，而其他倫理學則比較著重規則。

此外，德性倫理學更強調道德並非單單的理性決定，還包括德性的培養與實踐。德性倫理學由萬物皆向善，引申出人生的目的在追求幸福，如果人可以將人之為人的特性發展出來，便能達到美好人生這個目的。而德性之活動在不同的情況下有著不同的處理方式，又正當之行動則取決於其自身的判斷。德性倫理學就是強調其實踐的處境性，這也是與其他倫理學的最大分別。

2.4 / 結 語

總而言之，規範倫理學(normative ethics)是對道德觀念和道德判斷進行系統性瞭解，並對道德原則的合理性加以探討，其目的主要是在建構有關行為規範的基本原則，以作為人們日常生活中面臨道德問題時的行動指南，使人們便於鑑別和選擇。

規範倫理學可劃分為三：

其一，義務論

是根據其行為內在本質，與道德原則的一致性以及行動的原因，而定其所採取的行動是對或錯，而不完全由行為所造成的結果決定其對或錯。

其二，**目的論**

是一以目標為導向的理論，認為一個行為的對錯是依所產生的結果來判斷，其完全決定在該行為所實現的目的或結果。

其三，**德行論**

所重視的不只是行為，而且重視情感、人格以及道德習慣，認為行為者除了應知道自己「應該做什麼？」之外，還應該擁有必要的氣質傾向、動機和情感。強調應以理想的人格典範作為道德核心，而不是只要求行為合乎義務。也重視人本來有的良好能力的發揮，強調道德判斷能力的培養、「實踐智慧」的養成，知道在怎樣的情況下，如何判斷是非善惡，以追求卓越和諧關係。

整體而言，規範倫理學是關於義務和價值合理性問題的一種哲學研究。規範倫理學一直都是倫理學的基本理論形式。規範倫理學的任務，一方面在於說明我們人本身應遵從何種道德標準，才能使我們的行為作到道德上的善。從作為一個學科的特點來看：一般規範倫理學是研究人類行為的合理性原則，主要是對諸如何種性質為善、何種選擇為正確、何種行為是應受譴責的等，最一般的問題進行批判性研究；反之，應用規範倫理學則是研究具體的道德問題，試圖用我們關於道德的一般原則來解釋和說明我們面對具體道德問題時所應採取的正確立場。

個案研討試一試　 APPLIED ETHICS OF PROFESSIONAL SERVICE

品德創意標語發想活動
- 10～20字數為原則，進行設計標語。
- 以符合品德核心價值（ex：尊重、誠信、自律、關懷等）為主題進行設計。

📢 名詞解釋

1. 效果論
2. 目的論
3. 道義論
4. 義務論
5. 德行論
6. 普遍化原則
7. 目的原則
8. 自律原則
9. 實際義務
10 表面義務

🗨 問題討論

1. 請簡述規範倫理學內涵？
2. 請試論規範倫理學中的義務論要義？
3. 請試論規範倫理學中的目的論意涵？
4. 請試論規範倫理學中的德行論的學理依據為何？

@ **本章註釋**

1 後設倫理學如同描述倫理學本身不下任何道德判斷（這是規範倫理學的任務），但是它不同於描述倫理學，它不描述何種道德判斷被贊成、及道德判斷在我們的思考和行動中扮演何種角色，而是在不同的形式觀點下關於道德判斷的性質之研究。

2 定言令式(Categorical Imperative)，是德意志哲學家康德在1785年出版的《道德形而上學》(Fundamental Principles of the Metaphysic of Morals)一書中所提出的哲學概念。康德認為，道德完全先天地存在於人的理性之中。只有因基於道德的義務感而做出的行為，方存在道德價值。因心地善良而做出的義舉，或是因義務而做出的德行（譬如軍人因救災而犧牲），都不能算作真正有德的行為。道德應當，而且只應當從規律概念中引申演繹而來。儘管自然界中的一切事物都遵循某種規律，但只有理性生物（人）才具有按照規律的理念而行動的能力（自由意志）。就客觀原則對意志的約束規範而言，其命令儘管是強制的，但同時也是理性的。這種理性命令的程式，就叫作「令式」。令式有兩種。如果某種行為無關於任何目的，而出自純粹客觀的必然性，那麼這種令式就是定言令式。另一種令式被康德稱為「假言令式」。康德認為，定言令式總是先天而綜合的。

3 道德的真正問題是：面對誘惑時為所當為的不斷天人交戰。無上命令 (Categorical Imperative)或定言令式是康德發明的詞彙，它是指一種要求我們無條件地行事的命令，若干這些規則，不管我們想要什麼或是我們的目標為何，它都無時不刻約束我們。根據康德的說法，我們經驗到的道德原理如同無上命令。它也被稱為「最高道德律」(the Highest Moral Law)。命令的兩種類型：(1)假言命令 (hypothetical imperative)，句法結構：if P, then Q；譬如：如果你要

長壽健康，請不要抽菸。(2)定言命令(categorical imperative)：無條件，任何時間都應該遵行的，譬如：做人要誠信，說真話。定言令式的表述：(1)做人準則(Maxims)是指導行為的主體性規則，是相對性的行動描述，具有充分的普遍性。所有的行為都有準則，譬如：不要說謊；不要做任何讓父母蒙羞的事等。(2)康德將聖經中的黃金律(Golden Rule)：「你要別人怎樣待你，你也要怎樣對待別人。」改寫成普遍性的定言令式：「你只應根據你自己所定的準則來行事，那是一項你同時願意它成為普遍法則的準則。」"Always act in such a way that the maxim of your action can be willed as a universal law of humanity." (3)相互尊重的定言令式：「無論是對自己，或是對待他人，我們都應該把人當作目的自身，而不應只當作工具來對待。」

"Always treat humanity, whether in yourself or in other people, as an end in itself and never as a mere means."

---

[4] In metaethics, a form of cognitivism that holds that moral statements can be known to be true or false immediately through a kind of rational intuition. In the 17th and 18th centuries, intuitionism was defended by Ralph Cudworth, Henry More (1614-87), Samuel Clarke (1675-1729), and Richard Price (1723-91); in the 20th century its supporters included H.A Prichard (1871-1947), G.E. Moore, and David Ross. Intuitionists have differed over the kinds of moral truths that are amenable to direct apprehension. For example, whereas Moore thought that it is self-evident that certain things are morally valuable, Ross thought that we know immediately that it is our duty to do acts of a certain type. http://www.britannica.com/

[5] 林火旺，《倫理學》，臺北：五南圖書公司，p.138-141，1999。

[6] 外在的目的論：用神的目的來解釋自然界的事物和現象的學說。它是目的論的最典型表現。古希臘的蘇格拉底是外在的目的論的早期代表。他否認事物發展的客觀因果性和規律性，認為自然界的事物之所以成為它們存在的那個樣子，是由於神的有目的的安排；事物都是由理智產生的，並為某種有用的目的而存在。柏拉圖同樣宣揚這種目的論。他認為，世界上的事物之所以發生並且秩序井然，是因為作為創世主的神為宇宙制定了理性目的和方案。在中世紀，外在的目的論為宗教神學所發揮，成為宗教神學的核心思想。17-18世紀，外在的目的論觀點在自然科學理論，特別是在生物學理論中也曾得到廣泛傳播。

[7] 內在的目的論：認為事物本身的必然性中存在著目的性的學說。內在的目的論是由亞里斯多德奠定的。他把目的規定為自然事物本身的內在決定性。他雖然肯定事物的存在有必然性，但認為它們一定是有目的的，在由自然產生出來的東西裡面，存在著有目的的活動；事物不是由於必然性才存在，目的才是事物存在的真正根據和推動者，目的是比必然性更高的原則。17世紀的萊布尼茨，通過他的單子學說和關於事物的質是理由的原則，宣揚和論證了內在的目的論思想。他認為事物有其動力因，也有其目的因。在考慮事物時，不要停留於動力因，需進而達到目的因。黑格爾發揮了關於內在的目的性的觀點。他把目的理解為事物的內在規定，認為它存在於事物的必然性的歷程裡。在黑格爾之前的康德從先驗唯心主義和物自體不可知的觀點出發，也贊成內在的目的論。他一方面注意到用機械決定論解釋不了有機的自然產物，因而提出在考察有機的自然產物的時候，可以設想它有某種內在的目的，必須引入目的論的原則；另一方面，他又承認目的論原理是一條主觀原理，它既不能從經驗中得出，也不妨礙物理的機械作用原理。內在的目的論往往同外在的目的論相通。黑格爾就宣稱：「當我們說世界是受天道的支配時，這意思就包含那前定的目的

或神意在世界中是普遍有效力的，所以依此而產生出來的事物是與前此所意識著意願著的目的相符合。」

[8] Peter Albert David Singer (born July 6, 1946) is an Australian philosopher. He is the Ira W. DeCamp Professor of Bioethics at Princeton University, and laureate professor at the Centre for Applied Philosophy and Public Ethics (CAPPE), University of Melbourne. He specializes in applied ethics, approaching ethical issues from a secular preference utilitarian perspective.

[9] G. E. M. Anscombe (18 March, 1919 - 5 January, 2001), born Gertrude Elizabeth Margaret Anscombe, but better known as Elizabeth Anscombe, was a British analytic philosopher. A student of Ludwig Wittgenstein, she became an authority on his work and edited and translated many books drawn from his writings, above all his Philosophical Investigations. She wrote on the philosophy of mind, philosophy of action, philosophical logic, philosophy of language, and ethics. Her 1958 article "Modern Moral Philosophy" introduced the term "consequentialism" into the language of analytic philosophy; this and subsequent articles had a seminal influence on contemporary virtue ethics. Her monograph Intention is generally recognized as her greatest and most influential work, and the continuing philosophical interest in the concepts of intention, action and practical reasoning can be said to have taken its main impetus from this work.

[10] Aristotle on Virtue: Aristotle holds the view that moral virtues are states of character lying at the mean between extremes of excess and deficiency. Moral virtues, for Aristotle, are to be distinguished from intellectual virtues. Moral virtue has

to do with feeling, choosing, and acting well. Intellectual virtue is identified as a kind of wisdom acquired by teaching. http://wpayne@bcc.ctc.edu

[11] MacIntyre is a key figure in the recent surge of interest in virtue ethics, which identifies the central question of morality as having to do with the habits and knowledge concerning how to live a good life. His approach seeks to demonstrate that good judgment emanates from good character. Being a good person is not about seeking to follow formal rules. In elaborating this approach, MacIntyre understands himself to be reworking the Aristotelian idea of an ethical teleology. MacIntyre emphasizes the importance of moral goods defined in respect to a community engaged in a 'practice' - which he calls 'internal goods' or 'goods of excellence' - rather than focusing on practice-independent obligation of a moral agent (deontological ethics) or the consequences of a particular act (utilitarianism). Virtue ethics in European/American academia is associated with pre-modern philosophers (e.g. Plato, Aristotle, Thomas Aquinas), but also fully engaged with other forms of modern ethical systems (e.g. Kantian deontology). MacIntyre has argued that Aquinas' synthesis of Augustinianism with Aristotelianism is more insightful than modern moral theories by focusing upon the telos ('end', or completion) of a social practice and of a human life, within the context of which the morality of acts may be evaluated.

03
CHAPTER

APPLIED ETHICS OF
PROFESSIONAL SERVICE

應用倫理學

應用倫理學不能完全脫離規範倫理學的理論。應用倫理學的主要任務是把基本的倫理原則和道德規範應用到社會生活具體的道德難題和倫理情境中，自然需要把規範倫理學的理論作為自身的理論基礎，以規範倫理學的理論研究所提供的根本理念、一般原則和基本準則為研究依據，從規範倫理學尋求自身理論前提的內在合理性證明，獲取道德原理和準則規範形而上的思辨考察，否則應用倫理學會因為缺乏基本倫理理論的前提說明，而淪為具體部門的「紀律」要求。

> **小思考…**
>
> 應用於生活中，實際生活與倫理的問題的對應－社會、生活、工作職場所面臨的道德困境問題。

3.1 / 應用倫理學的起源

　　近二十年來，英美哲學基本上還是在分析哲學(analytic philosophy, analytical philosophy)的思維模式中[1]，但也有諸多新的進展，例如應用倫理學(applied ethics)和公共哲學(public philosophy)領域興起。應用倫理學的興起也是當代英美哲學家反對後設倫理學(metaethics)的一個的直接後果，也是西方倫理學從單純的理論構造和規範論證轉向道德實踐的一個重要結果。

　　二十世紀60年代的美國政治文化以及科學技術的進步，為應用倫理學的興起提供了重要的現實前提。從70年代開始，美國哲學家開始大量討論平等、公民的不服從、戰爭、墮胎等一系列現實的公共問題，涉及到政治、社會、技術文化以及人們的現實生活等各個領域。羅爾斯(John Bordley Rawls, 1921-2002)的《正義論》(A Theory of Justice)發表標誌著英美哲學界開始把倫理視角轉向現實，隨後出現的《哲學與公共事務》(Philosophy & Social Criticism)雜誌為哲學家們討論現實的道德問題提供了重要陣地。與此同時，各種由哲學家組成

的應用倫理學研究中心以及哲學與公共事務研究中心也紛紛成立，逐漸成為英美大學哲學系從事倫理學研究的主要機構。

值得注意的是，應用倫理學的出現並不是把某些普遍的倫理原則應用於實踐的結果，也不是對某些具體經驗事實的簡單匯集，更不是對以往的職業倫理的範圍擴展；相反地，應用倫理學是一種新的理論模式，代表著一種新的道德實踐的行為程式，在一定意義上，它被看作是位於政治和哲學之間的獨立學科。一方面，它研究諸如屬於道德哲學範疇之胚胎的道德地位這樣的抽象問題；另一方面，它也關注如墮胎這樣的實踐問題的解決。實際上，應用倫理學是把傳統倫理學中單純追求道德規範的理論要求轉化為具體的實踐活動，在解決現實的道德問題中實現或完成對道德規範的追求。

應用倫理學的基本範疇和原則來自西方民主和自由的主導思想，主要表現為「自主性」(autonomy)、「公正性」(justice)、「責任」(duty)和「尊嚴」(dignity)等基本的前提條件，根本的價值原則是以「不傷害」(non-maleficence)為原則，具體的自主原則是在不同的行為者或參與者之間達成共識。應用倫理學的實踐平臺是不同領域的倫理委員會，這是民主原則在倫理學中的推廣，又是道德共識的形成機制。雖然「應用倫理學」如今仍然是一個籠統的名稱，它包括了對醫學、經濟、政治、生態、科技以及國際關係等眾多不同領域中的道德問題討論，但經過哲學家與各個不同領域中的專家的共同努力，應用倫理學研究在一些領域中目前已經取得了顯著的成就，引起了整個社會對應用倫理學作用的廣泛關注，目前最有影響力的是醫學倫理(hospitality ethics)、經濟倫理(bussiness ethics)、政治倫理(public administration ethics)、法律倫理(legal ethics)、生態倫理(environmental ethics)等。

3.2 / 應用倫理學的研究對象及方法

　　應用倫理學屬於哲學的學科，其意旨在應用倫理學的理論解決日常生活的困境，伴隨著社會現代化進程，與科技的突飛猛進，社會分工越來越細，人類在實踐中面臨越來越多的新問題，這些問題是急待人們解決的現實問題，同時又在已有的倫理學理論中無法直接找到解決方案的問題。生活迫使人們直接面對現實，回應生活實踐本身所提出的嚴峻課題。在內外因素的雙重作用下，應用倫理學應運而生。應用倫理學的誕生，首先表達的是現代性社會分化對傳統倫理學所提出的挑戰；在深層上則標誌著倫理學研究方法和研究範疇的應用轉向。

　　應用倫理學的研究對象包含：

(1) 應用於行為

　　這種行為不是私人的行為，而是與倫理學原則相關之公共領域的行為，包括與社會政治和法律相關的行為、與經濟相關的行為、與科學技術相關的行為、與生命評價相關的行為，以及與環境相關的行為等。

(2) 應用於制度

　　應用倫理學的討論，大多應用於各個社會所屬的制度，例如市場制度、企業制度、稅收或財產轉移制度、教育制度和醫療制度等。

(3) 應用於事件

　　事件常常是倫理學評價的對象，而且在一個事件中，相關的行為者與相關的制度作用是交織在一起的。通過對行為、制度和事件的研究，得出道德境遇的判斷方法和倫理規範的選擇原則，以及倫理道德行為的實施技巧。

　　另一種觀點認為，應用倫理學的研究對象不僅包括道德境遇的判斷方法和倫理規範的選擇原則，而且必須包括倫理道德行為的實施技巧，不能把應用倫理學片面地理解為一種道德公約的倫理，也不能把應用倫理學的研究對象片面歸結為行為技巧。還有一種觀點認為，應用倫理學的研究對象涵蓋了人生倫理、社群倫理、自然倫理、信仰倫理四個層面。

　　應用倫理學的方法，有些學者認為，應用倫理學通過個人的、制度的或作為事件的行為案例和場合來考察倫理學原則，驗證這類原則的有效性，檢驗這類原則的可接受程度。因此，應用倫理學將倫理學原則應用於行為與事件的方式是一種雙向的思考過程，用羅爾斯的術語說就是「反思平衡」。另外有些學者認為，傳統規範倫理學的方法對應用倫理學都是適用的，但應用倫理學的方法亦有自己的特色，如周密調查和深入體驗、權衡利害和相互協商、規範化和制度化等等。

小思考…

反思平衡：行為案例與客觀事件的合一性。

3.3 ／ 應用倫理學的相關理論

　　應用倫理學的相關理論包括功利主義、社會契約理論和義務倫理等。應用倫理學意旨在通過倫理的分析以解決實際的困局，但從中可見，不同的倫理原則會產生不同的結論，得出的解決方法往往未能獲得一致認同。

3.3.1　功利主義

　　功利主義(Utilitarianism)也稱為效益主義，是倫理學中的一個理論。提倡追求「最大幸福」(Maximum Happiness)。主要哲學家有米

爾(John Stuart Mill1, 1806-1873)[2]、邊沁(Jeremy Bentham,1748-1832)[3]等。早在功利主義正式成為哲學理論之前，就有功利主義思想雛型的出現。西元前五世紀的亞里斯提博斯(Aristippus, c. 435-c. 356 B.C.E.)[4]、前四世紀的伊比鳩魯(Epicurus 341-270 B.C.E.)[5]、中國古代的墨子及其追隨者的倫理學，其中都存在著如何促使最大快樂的思維，他們是古人中的功利主義先驅。[6]

近代英國哲學家與倫理學家，例如：坎伯蘭(Richard Cumberland, 1631-1718)[7]、哈奇森(Francis Hutcheson, 1694-1746)[8]與休謨(David Hume, 1711-1776)[9]都有功利主義的傾向。邊沁(Jeremy Bentham,1748-1832)曾指出，他在英國化學家約瑟夫‧普利斯特(Joseph Priestley, 1733-1804)[10]、法國哲學家愛爾維修(Claude-Adrien Helvetius, 1715-1771)[11]、義大法學家貝卡里亞(Cesare Beccaria, 1738-1794)[12]等人的著作中都發現了功利原則。可見功利主義，在十八世紀歐洲各個領域中已廣為流行。

功利主義正式成為哲學系統是在十八世紀末與十九世紀初期，由英國哲學家兼經濟學家邊沁和米爾所提出。其基本原則是：一種行為如有助於增進幸福，則為正確的；若導致產生和幸福相反的東西，則為錯誤的。幸福不僅涉及行為的當事人，也涉及受該行為影響的每一個人。十九世紀末期的功利主義代表人物則有西奇威克(Henry Sidgwick, 1838-1900)[13]，他認為功利主義來自對「常識」的道德系統之反省。他論證多數的常識道德被要求建立在功利主義基礎上。他也認為功利主義能解決常識學說的模糊和前後矛盾所產生的困難和困惑之處。又於二十世紀功利主義，雖然受到摩爾(G. E. Moore, 1873-1958)[14]嚴厲的批判，但英美哲學家與英國自然科學家兼倫理學家圖爾明(Stephen Edelston Toulmin, 1922-)[15]、牛津大學的史密斯(Patrick Nowell-Smith)、厄姆森 (J. O. Urmson, 1915-)[16]、美國哈佛大學的約翰‧羅爾斯(John Rawls, 1921-2002)[17]，以及澳大利亞的斯馬特(J. J. C. Smart, 1920)[18]等人仍為功利主義辯護。

　　功利主義者認為，人應該做出能「達到最大善」的行為，所謂最大善的計算則必須依靠此行為所涉及的每個個體之苦樂感覺的總和，其中每個個體都被視為具有相同份量，而且快樂與痛苦是能夠換算的，痛苦僅是「負的快樂」。不同於一般的倫理學說，功利主義不考慮一個人行為的動機與手段，僅考慮一個行為的結果對最大快樂值的影響。能增加最大快樂值的即是「善」；反之即為「惡」。邊沁和米爾都認為，人類的行為完全以快樂和痛苦為動機。米爾認為，人類行為的唯一目的是求得「幸福」，所以對幸福的促進就成為判斷人的一切行為的標準。依此，功利主義根據應用的方式，可分為以下幾種：

(1) 情境功利主義(act-Utilitarianism)

　　情境功利主義強調的是「在此時此刻這個情境下，該怎麼作才能促進全體快樂值。」而不是問若將此道德律推廣到每個人身上會對全體快樂值造成什麼影響。舉個例子，像說謊一般來說是不對的行為，但在某些情境下，情境功利主義者會認為說謊是對的，像善意的謊言、為保守國家機密而說謊等。

(2) 普遍功利主義(general-Utilitarianism)

　　普遍功利主義重視的是「若每個人都按照我現在遵守的道德律作出行為，這個世界會變成什麼樣子？」最明確的例子是「窮人可不可以奪取富人的財富？」按照情境功利主義，這似乎是可以接受的，因為這可以以促進最大快樂值，但普遍功利主義提醒我們，若每個人都這麼做，那社會會變成什麼樣子？

(3) 規則功利主義(rule-Utilitarianism)

　　規則功利主義認為：「若每個人都永遠遵守同一套道德規範，就能產生最大快樂值。」常見的應用可見於交通規則，不能像情境功利主義那樣，視哪種方法能取得最大快樂值而決定該往左開還是往右開，而是根據既定的規範。若大家都能遵守交通規則，那麼交通就能

安全便利（最大快樂值）。但需要注意這個規則制定時的合理性。也有學者認為，現實是不斷變化的，這種規則，若不能緊跟變化而作出調整，終究會走向不合理。但也有人認為，普遍功利主義和規則功利主義，本質上都屬於情境功利主義的一種。

功利主義的影響甚為廣泛。它在法律、政治學、經濟學方面更有特別顯著的重要性。例如，在懲罰方面，功利主義反對「一報還一報」的「報應」理論。功利主義者認為，懲罰的基本原理，是通過改造罪犯，或保護社會不受罪犯破壞，從而避免發生更多的犯罪行為；同時也使其他人，因懼怕受到懲罰，而不敢犯罪。

在政治哲學上，功利主義者，贊成將民主作為使政府利益，與公眾利益，取得一致的一種方法。他們認為，每個人的最大自由，和其他人的同等自由，是一致的。不過也有人因為強調政府利益的一面，而走向保守主義，甚至獨裁主義。另一方面，也有人因為相信人性本善，認為最大的幸福，是來自社會的根本變革，從而走向無政府主義的共產主義，例如威廉·戈德溫(William Godwin, 1756-1836)[19]。

在經濟學上，所謂邊際效用分析學派，例如威廉姆·斯坦利·傑文斯(William Stanley Jevons, 1835-1882)[20]，則是從邊沁那裡吸取了許多思想。所謂「福利經濟學」，則是以「比較愛好」代替「比較有效用」，也表現功利主義的基本精神。在經濟政策上，早期的功利主義者，傾向自由貿易，反對政府干涉；後期的功利主義者，由於對私人企業的社會效率，失去信心，又希望政府出面干涉，以糾正私人企業的弊病。在當代的討論中，人們對倫理學語言的分析，以及對邊沁的「快樂計算」，均已失去興趣，功利主義出現了種種修正的和複雜的形式。

總而言之，功利主義的中心思想，即是每個人，都應該在任何可能的情況下，促進幸福，並避免不幸。以此而言，我們是應予以肯定

的;但是,關鍵性的問題,是整個規範倫理學,是否都可以根據這個簡單的公式來分析。是否有超乎快樂與痛苦之外的價值,值得重視。例如,我們如何去衡量一個人,他吃了巧克力之後,得到的快樂比別人多或是少,或者一樣呢?所以,快樂利己主義在某種程度上是行不通的。

3.3.2 社會契約理論

社會契約論是西方政治文化傳統的重要組成部分,它不但源遠流長,而且已經完全融入了西方思想文化中,成為西方政治思想中一個彌久常新的源泉。什麼是社會契約?簡單的說就是:「人與人相處時,不要把對方當成工具看待,體會對方。」在盧梭看來,生活在公民社會中的現代人,無不陷於自我分裂的困境之中:作為一個自然人,他受自利的感情驅動;而作為一個公民,他又擔當著公共的義務。這種正義與自利的人格分裂,正是現代人之人性異化的本質。盧梭所關注的問題實質是:如何擺脫現實社會中人的自我分裂的困境。

盧梭讚美自然狀態下的自由,其目的絕不是回復到自然狀態。他認為:「人類社會既然以鐵的必然性產生私有制,這一結果是無法避免的,原始自然狀態既然無法復歸,那麼對於生存在政治社會制度下的人類只有通過一個途徑,尋找政治社會中的自由。」雖然國家支配著個人,但它的支配範圍僅限於公民安全和一切福利的事務,如果它僭越了這些許可權,契約就無效,公民與國家就重新處於自然狀態。在社會契約論的基礎上,盧梭開始著手建構主權理論。

作為情感和「心靈權利」的真正宣導者的盧梭,卻不得不在他有關法律和國家的理論中,激烈異常地否認情感的重要性。只有在特定的個人和團體不再要求去統治其他個人和其他團體時,真正的「社會契約」才算達成了。盧梭認為,主權就是執行「公意」,即共同體的

意志，唯有公意才能夠按照國家創制的目的，即公共幸福，來指導國家的各種力量。公意通過全體公民的會議而得以運行，並通過會議的決議將其意圖昭示天下。盧梭還十分重視公民宗教的作用，他說：「人們進入政治社會之後，就要靠宗教來維持。沒有宗教，一個民族就不會、也不可能長久存在。」在他眼裡，無神論者談不上道德生活，唯有宗教才能培養公民成為效忠國家與國家的守護神。

A. 社會契約理論的源流

現代哲學家對倫理的起源所接受的說法，稱為社會契約理論(the social contract theory)，首先可追溯到西元前五世紀，蘇格拉底前後期的哲學家已提及相關論點。

其次，是到十七世紀則由霍布斯(Thomas Hobbes, 1588-1679)[21]加以確立。他們認為人類社會是經由其成員審慎規劃創造出來的。社會契約理論認為：人類原來處在自然狀態(state of nature)之下，孤單地在世上從事一場與所有人競爭的戰爭。這種在自然狀態下的人，不只是孤單、可憐、卑下、殘酷、無法獲得滿足而且短命，更由於沒有強制性的財產權觀念存在，農業和工業也無法發展。因為，當一個人辛苦地耕種、照料並收成作物，或是認真地生產製造某一產品，最後還是有可能被別人任意占有，以致所有的工夫都白費了。於是，有人想到，既然這樣粗暴的狀況會導致生活更為艱苦，若要改善情況，一定要設立彼此間的約定，舉行討論會議，制定行為規範，並設定方法來強制執行所訂出來的規條，讓生活可以更愉快，並且可以預期，不再是艱辛、危險和不安定。

因此，根據社會契約理論，倫理的基礎是建立在自私理性(selfish rationality)，而不是建立在無私的情操(selfless sentimentality)，社會是經由人類設計發明出來的，是一種人為的產物，並不是自然演化所產生的。

　　最後，我們要談及十八世紀盧梭(Jean Jacques Rousseau, 1712-1778)的主張，他相信，一個理想的社會，是建立於人與人之間的契約關係；而非人與政府之間的契約關係。盧梭認為，政府的權力，是來自被統治者的認可。盧梭聲稱，一個完美的社會，是為人民的「公共意志」(general will)所控制的，雖然他沒有定義如何達成這個目標，但他建議，由公民團體組成的代議機構，作為立法者，通過討論來產生公共意志。

　　社會契約論的主要表述，是用來探究是否存在合法的政治權威，而人應是生而自由的，但卻無時無刻居處於枷鎖之中。他認為，政治權威在我們的自然狀態中，並不存在；所以，我們需要一個社會契約。在社會契約中，每個人如果都能放棄天然自由，而獲取契約自由；在參與政治的過程中，只有每個人同等地放棄全部天然自由，轉讓給整個集體，人類才能得到平等的契約自由。盧梭於所著的《社會契約論》(Du Contrat Social)中，主張主權在民的思想，是現代民主制度的基石，是關於國家的起源和國家現有基礎的理論，國家的起源亦是一種「契約」的模式。這就是說每一個社會成員放棄本身的「自然權利」以換取法律之下的新權利。

B.　企業社會契約

　　企業社會責任是二十世紀初以來，在西方學術界開始探討的重要問題，具有較高的學術價值和實踐意義，成為經濟學、管理學、社會學、法學等學科共同研究的熱點問題。從理論層面來說，與企業社會責任的反對者相互比較，企業社會責任的支持者，缺乏像主流企業理論那樣深厚的理論基礎和縝密的邏輯方法。就實踐層面而言，企業社會責任運動卻是如火如荼的展開，促使我們必須思考，什麼是其背後的理論支撐點？

> **小思考...**
>
> 企業經濟活動的最終目標是最大利潤？合理利潤？

企業社會契約論將契約分成兩個層次，一個是經濟層面，一個是經濟倫理層面。企業作為一個社會主體，一成立時便應當自然而然地承擔對社會公眾、政府以及內部員工的責任和承諾。社會契約論突破了經濟學研究前提假設的約束，為企業行為分析開闢了新的研究思路。

　　在人生社會中建立的契約關係，正是企業的精髓所在，是工商社會中人與組織、人與人之間最重要的關係紐帶。中國傳統社會的親情關係，則無法產生工商社會的這種關係紐帶，雖然古代也有契約，但這種關係是單線的、臨時的，契約關係本身就帶有另一層親情關係的色彩，因此並沒有成為人際關係的一個基本倫理準則。如果沒有企業中的公司制度，那麼，人類的經濟活動就只能停留在個體的水準上，這種水準的經濟活動缺乏組織的力量，企業體系中只有擁有公司制度才能夠快速地配置各種資源，以滿足人類各種活動的需要，達到一個群體希望達到的目標。整體總是大於個體之和，如果沒有這種組織形式，再多的人簡單的相加，聚在一起，終究不過是一群烏合之眾，再多的資源也會被浪費掉。契約關係帶來的分工、合作，由此產生極高的效率，而農耕社會是封閉的自給自足的社會，不可能具有這樣大規模快速配置社會資源的效率。

　　企業社會責任是指，企業對包括股東在內的利益相關者的綜合性社會契約責任，這種綜合性社會契約責任，包括：企業經濟責任、企業法律責任、企業倫理責任和企業慈善責任。企業社會責任可劃分為兩個層次，即自律層次的企業社會責任與他律層次的企業社會責任。從操作化的角度來說，企業社會責任具有多對象性：股東、員工、消費者、社區、環境、商業夥伴等利益相關者。通過對企業社會責任契約演進和企業社會責任動力機制的分析，建立一個企業社會責任契約和動力機制的分析框架。從社會契約論來看，企業是社會系統中不可分割的一部分，是利益相關者之間顯性契約和隱性契約的載體。企業

社會責任契約是利益相關者站在公正立場達成的一致性行動的協定。企業社會責任契約的自律性質使之成為可持續發展的力量。從宏觀層面來說，是政治、經濟、文化、社會和歷史傳統影響企業社會責任的內涵、性質和動力機制，企業對政治、經濟、文化、社會和歷史傳統也產生反作用，彼此交互影響；反之，從微觀層面來說，則是利益相關者的權力影響企業社會責任的內涵。

　　總而言之，企業體系中的公司制度的實質，體現的正是人生社會中契約關係的倫理精神，這與西方的文化傳統，尤其是西方的基督教思想有直接的關係。在《舊約》中，神與人立了八次約，神與人的關係，實際上就是一種契約關係，也即委託代理關係，神把天地這個「產業」交給了人去經營管理。「天賦人權」的思想源頭，也在這個神人的契約關係中，盧梭的社會契約論的思想源頭，也可以追溯到這裡。契約關係構成了西方文化的一個基本底蘊、一種倫理信念。

　　馬克斯·韋伯(Max Weber, 1864-1920)[22]，在他關於新教倫理與資本主義精神的研究中，明確指出，這種契約式的倫理精神對於西方資本主義，有其內在的決定性影響。馬克斯·韋伯將「資本主義的精神」定義為一種擁護追求經濟利益的理想；並指出，若是只考慮到個人對於私利的追求時，這樣的精神並非只限於西方文化，但是這樣的英雄般的企業家並不能自行建立一個新的經濟秩序（資本主義）。

　　馬克斯·韋伯發現這些個人必須擁有的共同傾向還包括了試圖以最小的努力賺取最大的利潤，而隱藏在這個傾向背後的觀念，便是認為工作是一種罪惡，也是一種應該避免的負擔，尤其是當工作超過正常的份量時。「為了達成這樣的生活方式而自然吸納了資本主義的特質，能夠以此支配他人。」馬克斯·韋伯如此寫道：「這種精神必定是來自某種地方，不會是來自單獨的個人，而是來自整個團體的生活方式。」

在定義了資本主義的精神後，馬克斯‧韋伯主張有很多原因使我們應該從宗教改革運動的宗教思想裡尋找這種精神的根源。許多觀察家如孟德斯鳩(Charles de Secondat, 1689-1755)和約翰‧濟慈(John Keats, 1795-1821)都記載了新教和商業精神發展之間的密切關係。馬克斯‧韋伯指出某些形式的新教的教義，尤其是喀爾文教派，支持理性的追求經濟利益以及世俗的活動，將這些行為賦予了正面的精神以及道德的涵義[23]。這並非是那些宗教思想的最初目標，反而像是這些教義和指示所根基的內在邏輯的副產品，都直接或非直接的鼓勵了對於經濟利益的忘我追求和理性計畫。現代所稱的「工作倫理」這一詞便是源自馬克斯‧韋伯所討論到的「新教徒倫理」。不過這一詞不只用於新教徒的倫理，也能套用至非基督徒身上了。

3.3.3 義務倫理學

義務論倫理學是在日常生活之中最常見的應用的倫理學，是基於**權利、平等和公義或公正(justice)**的觀念下應然遵守的；是關乎於人格尊嚴的道德規範。義務論是指：「道德價值是由行為本身決定的。我之所以應該做某事，是因為它本身就是對的。」義務論倫理學是以「意圖的善惡」作為道德判斷的依據，道德判斷的基本原則，則是僅依據你能同時願意它成為一項普遍法則的那項格律而行！故有其普遍化原則的倫理學依據。

A. 亞里斯多德的「正義之德」

首先我們言及亞里斯多德的倫理學，他所關心的是德行之養成與人格的培育，「以義為德」，並對義與不義作出嚴格的判斷，這已具有「義務」之意涵。常人所言之正義，乃指一種心靈狀態，它使人完成正義的行為，正當的方式做人處世，求取獲得合乎正義的事理。同樣的，不義乃指一種心靈狀態，它使人做事不公正，貪求不公正的事

物。以「正義」之心，強調「正義之德」；「道德的傾向」是知性的範疇；判斷義與不義，必然牽涉人類之道德實踐，其與生活世界息息相關。

亞里斯多德曾斷言：「廣而言之，凡人所為，皆符應於實踐道德行動，合乎法律之行為。」道德與倫理都不可孤立於社會文化之外；而分辨義與不義，必然涉及多元化的主客觀向度之思維，以之立法為其法律；然其德行卻不同於法律、習俗與常人慣常行為模式，其具有嚴格性、規範性與形式性意義，又不可脫離自由意志與自主的行動之外。所以，凡事溯及人類的自由意志，並在自主的道德動機中，為人類之行動尋求合乎應然性的諸多可能性，實乃通向義務論思考的實際進路。

不過，所謂「道德法則」與「道德意欲」之間，卻依然存在著人類理性難以解釋的問題。也就是說，道德法則的義務性與普遍性，對任何主張義務論者，皆是一項無可迴避的前提，而如何安頓人的自由意志，並瞭解道德實踐之動力從何而來，亦即不讓道德動機無端落入無道德性的主觀性之中，實乃人們從事道德的決定或倫理的行為所不能不謹慎以對的課題。

B. 康德的「無上命令」

我們再以康德為論，他的普遍性義務論是義務倫理的典範性思考。而康德說：「行動之道德價值中那本質的東西便是，道德法則必然直接地決定意志。」也就是說意志應然被決定於其本質；其本質就是康德「無上命令」(Universal Validity)道德法則之謂。他所思考的是如何使「法則」可以成為意志的一個決定根據。如此而言，任何的行為，皆必須由道德法則予以抑制與決定，並使之與道德法則相互契合。

在此，康德所以主張「道德法則」則自成為理智因果的形式，亦即是自由的形式，甚至以此為先天具有的「積極情感」的基礎，其理由即在於尊敬道德法則是一種理智原因所產生的情感，而此情感乃是先驗性的情感，是一種必然性的情感。如此一來，在「法則之影響於意志」的前提下，肯定道德意向的動力能夠解脫感性之束縛。「道德實踐的純理性，為行動的決定原則」其為客觀，亦是主觀的決定原則；它對行動而言，即是一種足以影響「主體」的動力。

康德認為追求利益的行為就不是道德的，而為道德義務本身而做的行為才是道德的；因此道德義務不是條件性的，而是絕對的，稱之為「無上命令」。這種植基於無上命令的義務論，有兩個道德原則：

(1) 一個人應如此做，使得其行為的原則能成為普遍法則，換言之，所作的行為應具有普遍性，而能使一般人都能夠照著做。

(2) 你應如此做，使你的人格和別人的人格皆不會成為只是工具，而是目的。

總而言之，亞里斯多德主張，應以義作為德，作為德行之養成與人格的培育；道德的傾向是知性的範疇，判斷義與不義與生活世界息息相關，牽涉人類之道德實踐，道德法則非先驗性的無上命令。康德的先驗性的無上命令正義論，則是比較能兼顧道德的尊嚴，因為要求不可以為任何目的而守義務，卻應該為義務而義務，而且人應自律地遵守義務，而不是經由外力強迫才遵守義務。

C. 從義務論看商業行為

有些人很反對以道德倫理角度來探討商學，認為它只是一些教條，制定行為法則，支持權威，也是保守和僵化，這些批評是有某些事實根據的，對於商業的急速變化，以一門僵化的倫理學是無法被採納的，但他們所提出的批判，或許不是此倫理學的真正本質。許多人誤解了義務論的意義，認為他們列舉出道德上的善行與惡行，且必須

無時無刻的遵守與避免。如以此種誤解看待義務論，則當其應用在商業活動上，是無法跟隨變化之腳步，勢必將會遭受到淘汰的命運。但是，真正的義務論原理，卻是提出了一套原則，以此一原則，作為道德之根本，並可運用於各種情境。

我們從康德的理論中作分析，康德秉持無上命令的原理，隱約有其威嚇性的語調，無上命令往往也被理解為一項不容反駁的要求，這是在一般人的意識中對無上命令之精神的誤解，以為義務論規定了許許多多的實質道德法則。例如，必定要服從上級、必定要誠實。道德命令就如同軍隊的命令，有所謂：「軍令如山」，不容「受令者」檢查其合理性。但我們仔細深入康德的義務論，可知無上命令之核心概念，是一個「形式」概念；也即是透過「普遍化」法則，去篩選道德行為，當此行為能普遍化時，便能成為道德行為，也能成為商場上的行為指導原則。

例如：有一公司老闆當著職員的面，要他服從命令，此命令將會帶給公司最大量的利潤；但是此命令卻違反了商業道德，此時「服從上級」也許是一個忠誠職員該具有的態度，但是遵守命令卻造成違法之行為。我們如果秉持效益主義作為前提，那勢必會遵守命令；而以義務論觀點出發，卻有不同之解讀，並非「服從上級」就是必須死守之美德，相對的，此種義務論卻是能夠變通的，這怎麼說呢？

職員在公司如果被灌輸「服從上級」為一商業行為準則時，職員會以「服從上級」行動而去做，再加上效益論的觀念，如果可以創造最大的效益，勢必會「遵從上級」的命令。當我意願遵守上級命令，而這行為成為「普遍化」之後，我們將發現雖然大家都遵守上級的命令；但卻會導致違法亂紀的行為充斥於各公司行號之間，未能被共同之企業社會契約所容許，這很有可能使整個商業停擺，因此這行為是並非真正的「普遍化」。

從上例中，我們可以發現，義務論並非死板，一成不變的，而相較於效益論，反而更能避免違反道德倫理之行為。我們知道效益論與義務論之最大不同之處，在於效益主義重視行為產生的結果是否達到最大之效益，而義務論則以行為產生的動機是否發自善的意志(good will)，也就是行為是否能透過原則之檢驗，如此來界定是否為道德之行為。在商場上，當以義務論之原理為根基，待其根基穩固之後，再配合上效益法則；也就是說，在商場上追求最大效益是必然的，但須秉持著最基本的道德原則，所以商場上應追求的是合理的效益，以期永續經營之路。

　　或許我們可從儒家的立場，更能清晰的為我們闡述上面的觀點。《論語‧子罕》有載：「麻冕，禮也。今也純，儉，吾從眾。拜下，禮也。今拜乎上，泰也，雖違眾，吾從下。」由此可知孔子所謂的「禮」是有時代性的，並非不可變。當一項行為規範並不合理時，也就不用刻意去遵守這種行為規範，而普世價值所認可的，也不是必然要的行為，故孔子有時「從眾」，有時「違眾」。在《孟子‧離婁上》亦云：「淳於髡曰：『男女授授不親，禮與？』孟子曰：『禮也。』曰：『嫂溺則援之以手乎曰：嫂溺不援，是豺狼也。男女授授不親，禮也，嫂溺援之以手者，權也。』」禮是故然要遵守的，但不能一成不變的遵守，從中發現，儒家也是講求變通的。義務論倫理學或儒家倫理學，不是一套道德教條與法規迫人遵守，其精粹是在於一個道德人格之培養。

　　道德人格不是專門針對商業行為而言，而是就人之所以為「人」，人之為一社會成員而論。也因此，如果要問義務論倫理學對於一公司的治理，與整體經濟上的成長有哪些助益，這個問題是不恰當的，因為規範倫理不完全等同商業上的法則，也不等同於各家企業的追求目標。

規範倫理所有助於人的，是培養一個「好」的「人」，他身處於社會上，扮演多重層面的角色，如果他是一位主管，那他會是一位「好」主管；如果他是一位職員，那他會是一位盡忠職守的好職員。不需要高深的專業企管知識或是心理學知識，一般人即可判斷出：一個企業組織，如果從上到下的職位，都是由高品德操守的「人」來擔任的話（當然須具備才能和專業知識），這個企業是具備高成功潛力的。具備專業的「才」與「德」的成員，是企業成長的基本根基，「才」可以經由學校或企業的教育與培訓來獲得；但是如果企業體中的人員，僅僅只具備「才」而「無德」，則在許多層面，我們將無法信賴如此的員工。任何最嚴密與精細的管理科學，都不可能杜絕弊端，除非有「好」的人去執行。

小思考...

道德兩難？難在哪裡？

3.4 / 結 語

由於應用倫理學所體現的並不是一種個人性的決策行為，而是一種集體性的決策程式，它要求調動全社會的智慧通過協商和討論，對道德衝突的各種層面及因素進行周密的權衡，從而求得理性論證基礎上的道德共識。在運用這些方法達成共識的過程中應遵循一系列的原則，例如：系統整體原則、普遍正義原則、自願允許原則等。其中達成共識的基礎是「自主原則」，而「不傷害」則是應用倫理學最核心的價值原則，倫理原則是形成道德共識的哲學依據，社會共識則是形成道德共識的背景因素。

企業體系的成立，除了社會回饋性質的財團法人之外，其企業組織所成立的目的，皆是以獲取最大利潤為前提。在資本社會體系中，成為極競爭的商業行為。而可以確定的是，在商業競爭激烈的社會結構中，秉持著追求最大效益的商業行為，效益主義倫理學極度被重

視。效益主義之具體主張為：以行為產生的整體結果決定行為的正當性。也即是說，一個道德上對的行為，就是在所有可能選擇之中，其結果能產生最大量善或是最小量惡的行為。然而與效益主義站在相對立場上的義務論倫理學，則強調一個行為的對或錯、善與惡，不完全決定在行為所造成的結果或是目的，而是取決於行為本身所具備之動機，行為本身的某些特質，行為是否符合普遍的道德規範或是標準。

在商場上，是否全然以效益主義作為行為的指導原則，並不盡然。近年來開始興起的企業倫理，則是用不同層面的角度來說明商場上的道德行為，例如奈許(Laura L. Nash)[24]曾言：「企業倫理，乃是研究個人道德規範，如何應用到商業活動和公司目標上；不是另一套標準，而是研究個人在企業情境下所遇見的特殊問題。」

而所談論到的企業倫理，則是一種效益主義與規範倫理學中平衡點的選擇，道德倫理與企業看似格格不入，畢竟許多商人或是企業主還是秉持在商言商之心態，認為作生意不必理會道德原則。而我們相信大部分的商人都願意潔身自愛，但是基於現實面，商場上的競爭很激烈，能夠堅持原則的人究竟是少數。再加上營運的壓力，權力和金錢上的誘惑，使很多道德上的商業行為，例如：誠實、信用、公平、負責，都被放置於一旁。如果能從效益主義的盲點與義務論倫理學之角度來分析企業治理，對於商場上效益不斷的追求，在商業的行為上並無不恰當，畢竟在商業上，經由競爭可以提高效率，但應秉持著道德的基礎與根本，因為當效益無限制的擴張與追求，超過了臨界點的時候，商業經濟活動也就無法正常進行。

在經濟全球化條件下，企業社會責任的出現與發展是企業與社會之間不斷變化的社會契約關係，社會經濟發展不同階段的特徵，決定了企業社會責任的社會契約。在環境、社會和治理計畫創造價值的方法中，最廣為人知的就是提升企業的聲譽，即利益相關方對待企業具

體行動的態度。典型的企業綜合社會契約理論，應涵蓋企業社會責任的市場行為、責任行為、自願行為三個基本要素，應從效益主義與義務論倫理學之角度來考量，達到道德的基礎和根本，以及效益的擴張與追求之平衡。

個案研討試一試　APPLIED ETHICS OF PROFESSIONAL SERVICE

　　低收入戶阿水帶著就讀國一的兒子阿明到菜市場買菜，沒想到在路上撿到了一個裝滿錢的皮包，此時，阿水激動不已，心理砰砰跳，心想拿了就可以增加許多收入，日子也可以好過些，但還是拿不定主意，煩惱不已…。

討　論

　　在倫理學的標準下或人生的價值中，你認為阿水與阿明該如何做？

📢 名詞解釋

1. 應用倫理學

2. 功利主義倫理學

3. 情境功利倫理學

4. 普遍功利倫理學

5. 規則功利倫理學

6. 社會契約

7. 企業社會契約

8. 義務論倫理學

9. 企業倫理

問題討論

1. 請說明應用倫理學與規範倫理學的關係？

2. 簡述應用倫理學的起源？

3. 請說明應用倫理學的研究對象及方法為何？

4. 請說明關乎於應用倫理學相關的學術理論為何？

本章註釋

[1] 分析哲學是把分析作為哲學進步、和哲學方法的中心議題。這種哲學在二十世紀初期達到了頂峰。此時的分析哲學家們普遍認為語言的表面具有隱藏的邏輯結構，因為忽視了邏輯結構使我們常常被語言的表面而誤導。通過分析這一方法，分析哲學家們認為我們可以解決哲學問題，或者，對於不能解決的問題，展示出它們實際上是因為語言表面的欺騙性造成。分析這種方法能夠取得哲學家的信任，很大程度上要歸功於羅素和弗雷格在把數學縮減為邏輯學這一工作上取得的成就，以及羅素的限定摹狀詞理論。這一時期的代表人物有卡爾納普、摩爾，以及前期的維特根斯坦等人。在當前，「分析哲學」這個詞指的是一種研究哲學的風格，而不是研究計畫，或者某些特定的觀點。分析哲學家們通常努力使論證清晰準確，同時較多地使用邏輯學作為工具。在職業和知識上，他們認為自己同科學家或者數學家更為接近，而不是人文學者。這裡的分析哲學往往同「大陸哲學」或者「歐陸哲學」相互參照。後者通常在風格上更具文學色彩，更少地依賴形式邏輯學，更多地關心實際的政治、文化問題，以及人類的處境和人生的意義等等。

2 John Stuart Mill (May 20, 1806-May 8, 1873), English philosopher, political theorist, political economist, civil servant and Member of Parliament, was an influential liberal thinker of the 19th century whose works on liberty justified freedom of the individual in opposition to unlimited state control. He was an exponent of utilitarianism, an ethical theory developed by Jeremy Bentham, although his conception of it was very different from Bentham's. He clearly set forth the premises of the scientific method.

3 Jeremy Bentham (February 15, 1748-June 6, 1832) was an English jurist, philosopher, and legal and social reformer. He was the brother of Samuel Bentham. He was a political radical, and a leading theorist in Anglo-American philosophy of law. He is best known for his advocacy of utilitarianism, for the concept of animal rights, and his opposition to the ideas of natural law and natural rights, calling them "nonsense upon stilts." He also influenced the development of welfarism. He is probably best known in popular society as the originator of the concept of the panopticon.

4 Aristippus (Greek: Ἀρίστιππος) of Cyrene,(c.435-c.356 B.C.E.), was the founder of the Cyrenaic school of Philosophy. He was a pupil of Socrates, but adopted a very different philosophical outlook, teaching that the goal of life was to seek pleasure by adapting circumstances to oneself by maintaining proper control over both adversity and prosperity. Among his pupils was his daughter Arete.

5 Epicurus (Greek: Ἐπίκουρος, Epikouros, "ally, comrade"; Samos, 341 B.C.E. -Athens, 270 B.C.E.; 72 years) was an ancient Greek philosopher and the founder of the school of philosophy called

Epicureanism. Only a few fragments and letters remain of Epicurus's 300 written works. Much of what is known about Epicurean philosophy derives from later followers and commentators.

6 墨子提出了「兼愛」、「非攻」的口號，這對當時和後世的社會影響是有積極因素的。他提倡「非樂」，動機是好的，但他把百姓的利益和要求理解得過於狹隘了，變成了只是穿衣吃飯等具體問題；他這種否定音樂，否定文藝的觀點，顯然是錯誤的。所以我們對墨子及墨家的學說或觀點必須有鑒別地繼承和發揚。

7 Richard Cumberland (July 15, 1631-October 9, 1718) was an English philosopher, and bishop of Peterborough from 1691. In 1672, he published his major work, De legibus naturae (On natural laws), propounding utilitarianism and opposing the egoistic ethics of Thomas Hobbes. Cumberland was a member of the latitudinarian movement, along with his friend Hezekiah Burton of Magdalene College, Cambridge and closely allied with the Cambridge Platonists, a group of ecclesiastical philosophers centered around Cambridge University in the mid 17th century.

8 Francis Hutcheson (August 8, 1694-August 8, 1746) was a philosopher born in Ireland to a family of Scottish Presbyterians who became one of the founding fathers of the Scottish Enlightenment.

9 David Hume (May 7, 1711-August 25, 1776) was a Scottish philosopher, economist, historian and a key figure in the history of Western philosophy and the Scottish Enlightenment. (26 April is Hume's birthdate as given in his autobiography; this is correct in the Old Style Julian calendar, but it is 7 May in New Style (Gregorian).

Britain moved to the New Style in 1752, during Hume's lifetime.) Hume is often grouped with John Locke, George Berkeley, and a handful of others as a British Empiricist.

[10] Joseph Priestley (March 13, 1733 (Old Style)-February 6, 1804) was an 18th-century English theologian, Dissenting clergyman, natural philosopher, educator, and political theorist who published over 150 works. He is usually credited with the discovery of oxygen, having isolated it in its gaseous state, although Carl Wilhelm Scheele and Antoine Lavoisier also have a claim to the discovery.

[11] Claude Adrien Helvétius (February 26, 1715-December 26, 1771) was a French philosopher and littérateur.Helvétius' philosophical studies ended in the production of his famous book De l'esprit (On Mind). It was first published in 1758 and was intended to be the rival of Montesquieu's Spirit of the Laws, with Helvétius arguing strongly against Montesquieu's theory that climate influenced the character of nations.

[12] Cesare, Marquis of Beccaria-Bonesana (March 12, 1738-November 28, 1794) was an Italian philosopher and politician best known for his treatise On Crimes and Punishments (1764), which condemned torture and the death penalty, and was a founding work in the field of penology.

[13] Henry Sidgwick (May 31, 1838-August 28, 1900) was an English Utilitarian philosopher. He was one of the founders and first president of the Society for Psychical Research, a member of the Metaphysical Society, and promoted the higher education of women.

[14] George Edward Moore OM, usually known as G. E. Moore, (November 4, 1873-October 24, 1958) was a distinguished and influential English philosopher. He was, with Bertrand Russell, Ludwig Wittgenstein, and (before them) Gottlob Frege, one of the founders of the analytic tradition in philosophy.

[15] Stephen Edelston Toulmin (born March 25, 1922) is a British philosopher, author, and educator. Influenced by the Austrian philosopher Ludwig Wittgenstein, Toulmin devoted his works to the analysis of moral reasoning. Throughout his writings, he seeks to develop practical arguments which can be used effectively in evaluating the ethics behind moral issues. His works were later found useful in the field of rhetoric for analyzing rhetorical arguments. The Toulmin Model of Argumentation, a diagram containing six interrelated components used for analyzing arguments, was considered his most influential work, particularly in the field of rhetoric and communication, and in computer science.

[16] James Opie Urmson (1915-) was Fellow, Tutor, and Emeritus Fellow in Philosophy of Corpus Christi College, Oxford. J. O. Urmson (his nom de plume) was a prolific author and expert on a number of topics including British analytic/linguistic philosophy, George Berkeley, ethics, and Greek philosophy (especially Aristotle).

[17] John Rawls (February 21, 1921-November 24, 2002) was an American philosopher and a leading figure in moral and political philosophy.Rawls received the Schock Prize for Logic and Philosophy and the National Humanities Medal in 1999, the latter

presented by President Bill Clinton, in recognition of how Rawls's thought "helped a whole generation of learned Americans revive their faith in democracy itself."

[18] John Jamieson Carswell "Jack" Smart AC (born 1920), often referred to as J.J.C. Smart, is an Australian emeritus professor of philosophy at Monash University, Australia. He works in the fields of metaphysics, philosophy of science, philosophy of mind, philosophy of religion, and political philosophy.

[19] William Godwin (3 March 1756-7 April 1836) was an English journalist, political philosopher and novelist. He is considered one of the first exponents of utilitarianism, and one of the first modern proponents of anarchism. Godwin is most famous for two books that he published within the space of a year: An Enquiry Concerning Political Justice, an attack on political institutions, and Things as They Are or The Adventures of Caleb Williams, which attacks aristocratic privilege, but also is virtually the first mystery novel.

[20] William Stanley Jevons (September 1, 1835-August 13, 1882) was an English economist and logician. His book The Theory of Political Economy (1871) expounded upon the "final" (marginal) utility theory of value. Jevons' work, along with similar discoveries made by Carl Menger in Vienna (1871) and by Léon Walras in Switzerland (1874), marked the opening of a new period in the history of economic thought.

[21] Thomas Hobbes (April 5, 1588-December 4, 1679) was an English philosopher, remembered today for his work on political philosophy.

His 1651 book Leviathan established the foundation for most of Western political philosophy from the perspective of social contract theory.

[22] Maximilian Carl Emil Weber (April 21, 1864-June 14, 1920) was a German lawyer, politician, historian, sociologist and political economist, who profoundly influenced social theory and the remit of sociology itself. His major works dealt with the rationalization, bureaucratization, and 'disenchantment' he associated with the rise of capitalism. Weber was the central figure in the establishment of methodological antipositivism; presenting sociology as a non-empirical field which must study social action through resolutely subjective means.

[23] Calvinism (also called the Reformed tradition, the Reformed faith, or Reformed theology) is a theological system and an approach to the Christian life. The Reformed tradition was advanced by several theologians such as Martin Bucer, Heinrich Bullinger, Peter Martyr Vermigli, and Huldrych Zwingli, but it often bears the name of the French reformer John Calvin because of his prominent influence on it and because of his role in the confessional and ecclesiastical debates throughout the 16th century. Today, this term also refers to the doctrines and practices of the Reformed churches of which Calvin was an early leader. Less commonly, it can refer to the individual teaching of Calvin himself. The system is best known for its doctrines of predestination and total depravity, stressing the absolute sovereignty of God.

[24] Laura L. Nash is a Senior Research Fellow at Harvard Business School. She earned her Ph.D. in classics under a Danforth Fellowship at Harvard University. Professor Nash has taught at Brown, Brandeis, and Boston University in addition to her consulting work with many of the nation's top corporations. She has also been on ongoing consultant to The Conference Board.

 **MEMO**

04
CHAPTER

"

APPLIED ETHICS OF
PROFESSIONAL SERVICE

人際關係倫理學
導論

人際就是人與人之間的情境，包括了：

(1) 人與人之間相處的情境。

(2) 人與人之間人情的情境。

(3) 人與人之間互動的情境。

(4) 人與人之間人道的情境。

這四種情境本然地、自然地存在於人與人之間的各種關係中。所以，人際即是人與人相遇、相處，及相關的各種情況。人際關係倫理學的價值論(axiology)是在於研究、討論和批判人際倫理學的主張和學說的價值，包括倫理知識的真與假、善與惡、正確與不正確，及有效用和無效用等，也包括倫理規範的適用與不適用、合乎人性與違反人性，以及有利人生與有害人生，亦包括倫理行為的實踐與非實踐、正當與非正當，以及合乎道德與違背道德等議題中。

從人性的角度來看，利己毫無疑問是人類非常重要的特性，十六、十七世紀英國哲學家霍布士(Thomas Hobbes, 1588-1679)的整個倫理學和政治學理論，就是完全建立在「人性是利己」的假設之上，他認為「自保」(self-preservation)是人類最根本的欲望，人類社會制度的建立只是為了調和「利己之心」對人類潛在的傷害。儘管「利己」是一個不可忽視的人類本性，有些學者仍然認為「利他」也是人性的一個主要驅力，所以相對於利己主義的倫理主張，有人提出利他主義的主張，認為它才是阻止人類私慾最合理的道德理論。以下我們將從人際關係的他者定義以認識本章標題，進而以利己主義、利他主義加以凸顯出人際關係的意涵，其後以何為真正的「善舉」進而導出合諧的人際關係之宗旨。

小思考...

利己之本然與利他之應然之調和→合諧、互利、共生→合諧的人際關係。

4.1 ╱ 「他者」之意

在進入到人際倫理學時，我們先要瞭解「他者」的意涵。在漢字中，「他」是一個後起的俗體字，最初寫作為「它」。在《說文解字》中尚且沒有「他」字，只有「它」字，清代語言學家段玉裁根據其體例注解：「它」，其字或段你我之間產生了「此疆爾界」的隔膜，「你」也變成了「他者」；故此，「他者」的意涵不僅僅決定了「你」，而且同樣決定了「我」。當然，漢語「我」之概念，代表著自我意識的覺醒；但是這種自我意識，正如對「它」的意識一樣，一開始就是與自身所屬之族類的存在有所關聯的，亦即是與其他族類之「它」有所對待上的區別。《說文解字》中解釋：「我，施身自謂也；從戈，從千」，「我」蘊涵著對於異族的殺氣，其義為「持戈殺敵」之謂，在當時以「我」作為族類成員的首要職責，以此言之，自我的意識與部族之敵人的意識是有其相互關聯性的。

段玉裁曾以「施身自謂」釋義：

(1) 「有我則必及人」之義

自我的意識，是與對他者的意識，有其不可分割的關係屬性。

(2) 「施身與施捨」之義

吾人捨僵化固有之老我，投入他者之境，才可尋獲真確本真之存有。

(3) 「用己廁身於眾中」之義

吾人將自我置入眾者，我與他者同在一場域。

從其所言，以海德格(Martin Heidegger, 1889-1976)之語，就是通過「此在」(Dasein)而轉向來探詢本真我存有。海德格認為，通過「此在」的日常生活沉思人的存在方式，沉淪是人的命運，在沉淪中人喪

失了本真的自我，而迷失於公眾的統治之中，是一種不承擔責任的存在方式，但「此在」能在這種迷失中喚回自我，其方式是：「在畏懼和朝向死亡的情境，覺知自我本真的存在」和「在良知的知覺情境，回到自我本真的存在」之展開狀態，也就是要我們自己對自己的存在應負有責任；海德格的「沉淪」與「共在」理論具有深刻的社會批判意義。

以存在主義神學家馬丁‧布伯(Martin Buber, 1878-1965)[1]而言，「他者」是與「我」相互對立的、疏遠的、生疏的、異己的存有；只有化「他者」為「你」，在「你─我」對話的情景裡，我們才能返回到本真存在的我。

另一位存在主義者沙特(Jean-Paul Sartre, 1905-1980)亦曾說：「他人是地獄」(l' autre est l'enfer)，那我們將要問：何謂「地獄」？「地獄」指的是令人痛苦的地方。這是沙特在《禁閉》所提出的人生哲學觀，其深層意蘊為：

(1) 如果你不能正確對待他人，那麼他人便是你的地獄；即倘若自己是惡化與他人關係的原因，自己就得承擔地獄之苦的責任。

(2) 如果你不能正確對待他人對你的判斷，那麼他人的判斷就是你的地獄；他人的判斷固然重要，但也只能參考，不能依賴，不可看作最高裁決，更不是自己行為的最終目的；凡以追求他人對自己讚美的人，必定陷入精神困苦之中。

(3) 如果你不能正確對待自己，那麼你也是自己的地獄；人生旅途，每出差錯，人們很容易去找社會原因、客觀原因和他人原因，往往看不到自己的原因，正確對待自己常為我們所忽略。

沙特一語道破人世間的「實然」狀況，這是對人類生存處境的一種深刻的揭示。但不幸的是，自從人類跨入「文明時代」的門檻以

來，這種「我－他」異在的生存處境就一直是吾人自身的一種基本的存在論事實。

　　總而言之，以海德格「此在」之語、馬丁・布伯「你－我」對話、沙特「他人是地獄」，都在剖析：吾人自身的一種基本存在論的事實，也就是本真之存有與自己、與他者的人際關係對應。當我們審視今日的人際關係，我們必須問：究竟哪裡出錯了？從兒童虐待到離婚，我們看到狂怒、背叛、引誘和自私摧毀了生命及人際關係。婚姻面臨解體、不快樂、衝突不斷。家庭變成傷害、緊張和疏離。友誼也是膚淺、脆弱和不負責。商業人際關係充滿了不信任、緊張、競爭和嫉妒。當人際關係似乎是危險和困難時，我們還是想要有所連繫和享受不凡的關係——即使是在工作場上！到底要如何才能跟他人建立有意義的人際關係？

　　我們在閱讀尼可拉斯・布士曼(Nicholas Boothman)在《讓人立刻喜歡你：瞬間贏得好人緣的成功祕訣》一書中可得到幾點啟示：

(1) 與人為善的關係

　　無論找工作、獲拔擢、贏得生意、征服新夥伴、讓觀眾如癡如醉，或想通過未來老丈人的法眼，一旦人家對你有好感，歡迎光臨的地毯便已鋪展在你腳下，你不管怎樣都可左右逢源。個人成長演化（以及社會演化），其實是跟同儕互動的結果。

(2) 互動與長壽的關係

　　愛德華・哈洛威爾醫師(Edward M. Hallowell)在《人際互動》(Connect)書中引述哈佛衛生科學院柏克曼教授(Lisa Berkman)1979年完成的阿拉米達縣(Alameda County)的研究結論，其顯示：缺乏社交與社群聯繫的人，死於疾病的機率幾乎是社交相對活躍者的三倍。（在這些人中，社會經濟地位及吸菸、飲酒、肥胖等影響條件皆已排除。）

(3) 互動與獲得合作的關係

他人能幫忙照顧你的需求及渴望。此生所有夢想——愛情、理想工作等，你都得靠旁人幫忙。如果人家喜歡你，就會樂於為你騰出時間跟力氣。你跟他們的關係品質越高，他們配合的程度也越大。

(4) 互動與安全感關係

互動對社群有益。畢竟，社群無非眾多連繫的集合體，包括共同的信仰、成就、價值觀、興趣等。我們對他人有著基本的、實質的需要。社群有共同利益，大家遂彼此照應。一個互動社群為所有成員提供安全與力量。擁有強壯穩固的前提，社群大眾就可戮力於進化——社交上、文化上、心靈上的進化。

(5) 互動與感覺被愛的關係

我們在情緒上也受惠於他人。人不是封閉的運轉體系，而是一種開放回路；此回路的管制、激勵、訓斥、支援、認可，來自他人給予的情緒反應。我們不時碰到某些人，以一種令人欣喜的方式震動我們的情緒與肢體節奏，我們稱之為愛。無論透過身體語言或手勢、臉部表情或聲調，甚至僅僅三言兩語，他人能緩和我們承受的痛苦，讓美好時光更加璀璨。

讓人立刻喜歡你贏得好人緣，這是一種人際關係，我們不禁要深問，何謂人際關係？人際關係，就是人與人之間的互相交往、互相影響的一種狀態，一種社會的影響歷程，亦是一種行為模式。人際關係是社會發展的基礎，而人際關係與職場文化，就有其三者：與上司的關係、與同事的關係、與部屬的關係等對應關係。以自

小思考...

我：自我意識、與敵區隔，我vs.他（它）之關係屬性。
施身→施捨→及人→他者
己側身於眾中→我在統一整體中→以整體利益為重→共在。

我對他者所抱持的自我認知，將使人成為一種對應的行為模式，以人倫關係來檢視其價值，就是人際關係倫理學的論點，以下我們將說明透過利己與利他主義深究其內涵，進而說明真正的善為何。更進之，才能談及合諧的人際關係。

 ## 4.2 ／ 利己主義

　　心理學中的利己主義(Psychological Egoism)是一個有關人類本性的陳述，它的主張並不是一個規範性的理論，所以雖然它和倫理學中的利己主義密切相關，但是嚴格地說它不是倫理學的一種理論，一般倫理學中所謂的利己主義是指倫理的利己主義，倫理利己主義是一套指引人類行為的規範性主張，也是規範倫理學的重要理論之一。

　　所謂倫理的利己主義是指：每一個人都應該提升自己的利益，或者人們有義務去從事，任何可以有利於自己的事。換句話說，除非事情最終對你有利，否則你沒有任何理由，去做一些有利於他人的事。在討論倫理利己主義（以下簡稱利己主義）之前，對於利己主義可能產生的以下幾點誤解，有必要先加以澄清：

4.2.1 開明的利己

　　有人可能會誤解利己主義，認為利己主義只追求短期之利益，所以利己主義的主張是認為人應該及時行樂、不管明天。其實利己主義之所以成為一種重要的倫理學說，是因為利己主義所強調的「利己」並不是直接、立即的利己，而是「開明的利己」(enlightened self-interest)，一個由開明的利己之心所引導的行為，是一個理性的行為，行為者會基於長期較大的利益而犧牲短期較小的利益，會為了實現較永恆的價值而放棄短暫立即的享受，所以從開明利己的角度思考，利

己主義者通常需要友誼、家庭，因為維持良好的人際關係，對一個理性的利己者而言是有利的。

4.2.2 利己主義中的利他原則

有人會誤以為利己主義者永遠不會做利他的行為，其實不然，一個人可以從事利他行為卻是利己主義者，因為根據利己主義的考量，有時候從事一些利他的行為，對自己而言最終是有利的，譬如，一般人耳熟能詳的「誠實是最佳策略」，其根本精神就是利己主義的考量，認為一個人如果保持誠實無欺的行事態度，久而久之，別人會相信你，認為你值得信賴，這樣的結果不但使你贏得誠實的美譽，而且一旦你需要別人幫助時，你很容易就可以獲得必要的援助。

小思考...

以利己的出發點，獲得利他的效果。
1. 你有什麼看法？
2. 舉例說明。

利己主義者也可能會從事一些慈善的行為，因為從事這樣的行為也許短期不利，但是長期卻是有利。當然利己主義也可能做犧牲自己、施惠別人的行為，只要這樣做是對他自己最後是有利的，根據利己主義原則，都是他自己在道德上應該從事的行為。在此需要強調的是，對利己主義而言，一個慈善的行為如果在道德上是正當的，其正當性不是因為這個行為展現行為者的慈善心，或者這個行為對整體而言會產生較多的利益，根據利己主義的道德標準，他人是否會因為你的行為而快樂，本身是與道德上無關的，慈善的行為之所以在道德上是正當的，是因為這個行為對行為者能形成最大的利益。由於使他人快樂的行為，可能正好也使行為者快樂，所以只要行為結果最終是對行為者有利，都是利己主義認為該做的行為，因此一個利己主義者是可能會從事利他的行為。

4.2.3 自我中心主義不同於利己主義

利己主義不是自我中心主義(egotism)，後者的特點是膨脹自己的重要性、要求自己成為眾人矚目的對象，這是一種令人不快樂的性格特質，一個自我中心主義者，有時候只要別人對他奉承恭維或百依百順，為此他甚至可以做出損己利人的行為，所以自我中心主義者不同於利己主義者。此外，一個利己主義者，可能是一個平易近人、態度謙和的人，因此這兩種理論並無邏輯上的關聯性。

從以上的分析，可見得利己主義者和一般真正的有道德之人，在日常生活中的行為實踐上，可能完全沒有差別，利己主義者可能是一個一般人心目中的有德之人，因為他可能經常從事仁慈、正直、誠實的行為，只要這樣做對他是有利的。因此實際上我們無法從外顯的行為上，來判別一個人是否為是一位利己主義者，因為利己主義所規定的行為和一般常識道德(common-sense morality)的要求可能完全一樣，利己主義也不會認為所有損人利己的行為都是對的，因為有些損人利己的行為只是對行為者暫時有利，卻是長期不利，所以在常識中認為不道德的行為，也可以從利己主義的理論中得到合理的解釋，這也是利己主義仍然是一個重要的道德理論的原因。

4.3 ／ 利他主義

利他主義(Altruism)，也可翻譯為利他行為；源自於法文的"altruisme"，字源可溯自義大利文及更早拉丁文"alter"，即其他、別人的意思。利他主義是一種無私的為他人福利著想的行為，在道德判斷上，別人的幸福快樂比自己的來得重要。利他主義在許多思想和文化中是一種美德。

何謂利他主義？根據學者的分析，利他主義有以下幾個要點：

(1) 利他主義必須付諸行動，換句話說，只有良好的企圖心而不實踐，並不合乎利他主義的標準。

(2) 利他的行為必須是目標取向，其目標是提升他人的福祉，如果行為者在追求自己利益的時候，無意中或順便為他人創造了一些好處，換句話說，他人的利益只是次要的或附帶的，這樣的行為也不是利他的行為。

(3) 在利他的行為中，意圖比結果重要，如果張三存心要幫助李四，但是長期的結果卻反而對李四不利，這並沒有減損張三行為的利他性。

(4) 利他的行為必然會造成行為者自己可能的損害。

(5) 利他是無條件的，行為者不能預期任何的回報。

當代實踐倫理學(practical ethics)者辛格(Peter Singer)，企圖從生物學的角度證明人類的自然「利他」傾向，他指出，每一個社會皆有行為的法規以約束其成員，所以倫理道德的形成是自然的人類處境，然而霍布士(Thomas Hobbes, 1588-1679)否認這一點，霍布士認為在沒有國家之前沒有所謂道德、正義，人類基本上是利己的，所以要求人們利他是不合理的，霍布士認為所有看起來是利他的行為，如果從行為者的心靈深處觀察，只是自私行為的偽裝。因此霍布士認為人類在沒有形成社會之前，是處於一種自然狀態(state of nature)，這是一種人與人為敵的戰爭狀態，在自然狀態中，人的處境極為不堪，但是根據霍布士的論證，雖然人的利己之心使人陷入自然狀態的爭戰情境，但是利己之心也可以使人脫離自然狀態、建立道德、形成社會，所以「利己」也是倫理道德的基礎。

　　但是辛格則認為社會國家可以強化倫理法則之趨向，但這個趨向卻早於社會和國家而存在，換句話說，倫理規範先於社會、國家，因此，辛格想從社會生物學的觀點反駁霍布士接近心理利己主義的主張。以下我們將概要性的例舉出辛格所提出的論點：

4.3.1　互惠利他主義

　　辛格提出互惠利他主義(reciprocal altruism)的觀念，認為雖然家族關係是人類最基本、最普及的連結，但是互惠的結合也極為普遍。辛格論稱，人類的許多倫理規範可以從這種互惠的行為中產生，許多人類學家強調互惠在人類社會的重要性。對一個互惠的利他主義者而言，從自己所屬的群體中驅除或消滅欺騙者，不但對自己，也對其他互惠利他者有利；而那些公平互惠者彼此之間則會產生正面的情感，這個情感會使互惠、互助關係的建立更為增強。

4.3.2　公平、正義的觀念

　　辛格指出，公平、正義的觀念就是因為回報的觀念而形成，他人幫你的時候，你是否回報？回報是否公平？這一個回報的概念就是正義的起源。在許多原始部落中，「報仇」、「報恩」的義務是非常重要的倫理，而且有的回報常常比原來的多，所以這個社會的人往往不願接受禮物，或立即回報以解除義務，以免回報的代價大到自己無力負擔。在西方的倫理傳統中，感恩、報仇也占有相當重要的地位，譬如柏拉圖《理想國》對正義的討論就是一個顯著的例子，在《理想國》的對話者當中，就有人將正義定義為幫助朋友、傷害敵人。

4.3.3　對朋友忠誠的義務

　　辛格認為，人類友誼以及對朋友忠誠的義務的形成，就是來自於互惠者彼此產生正面情感之聯結；而道德憤怒或懲罰的欲望，則是從

對不互惠者的負面情感所衍生。在日常生活中，我們常常為了捍衛自己的行為而辯稱：「這不是為了區區五塊錢的問題，而認為是原則問題。」如果在整個團體成員皆分享這種個人的恩怨，就會變成道德義憤，而形成一般性的道德原則。反之，如果你是願意幫助別人的互惠利他主義者，你會很容易得到其他人的信任，別人不但願意與你交往，也樂於為你服務。所以在互惠的利他主義原則下，可視正義為幫助朋友，對朋友有其忠誠的義務。

根據以上的論述，辛格認為我們對利他動機有道德上的偏好，而這一點則可以從社會生物學來解釋，由於一個具有利他動機的人比利己的人較能成為可靠的夥伴，演化會支援人們有分辨這兩種動機的能力，而選擇利他者作為個人提供服務時的受惠者。

心理學實驗也證明，我們對利他者比較會做出利他的行為，而且，利他的性格也比利己更具有吸引力。因此，如果互惠是一個優點，而且人比較容易選擇真正關懷他人的夥伴，則真正關懷他人的人就具有演化上之優點。辛格認為，這個結論可以否定利己主義的倫理觀。

4.4 / 真正的「善舉」

美國公理會(Congregational Church)教士明恩溥(Arthur Henderson Smith, 1845-1932 A.D.)在其著名的《中國人的素質》一書中說到：「在某些勸人行『善』的書中，有人引咎於自己能記起的惡行，同時自傲於自己的善舉。善惡相抵，顯示出他在中國的拉達曼斯(Rhadamanthus)[2]的生死簿上的壽數。這種把一切記錄在生死簿上的做法，清楚地表明瞭中國人的實用特徵，以及他們總是忘不了考慮來世報應。」到底，何為真正的「善舉」？善行，是由哪些因素所構成？

善行的背後大多出於怎樣的動機與心理？然其我們可知道，在大部分中國人樂於行善的目的，是期望獲得回報。

從社會心理學的角度看善行，其中包含著：社會生物學的「本能與基因」、社會交換論的「付出與收穫」和「同理心－利他主義」三種基本動機。通常善行行動準則總以志工參與社會服務為其探討標的，因其在客觀性的準則上，是社會運動中最被為肯定的一個項次。

4.4.1 善行動機的類別

我們根據圖雷門・珊蒂(Dr. Turiman Suandi)的分析來歸納，志工(volunteer)參與社會服務的善行動機可區分為三大類：

(1) 利己主義(Egoism)

指為增進個人利益的行為動機，利益可為有形的（如金錢報酬）或是無形的（如他人讚賞、自我成長）。自利性志工參與多為求提高個人聲望、擴展生活圈、自我成長與成為他人榜樣等。

(2) 利他主義(Altruism)

指在無報酬回收期待下，志願幫助他人的行為。

(3) 社會責任(Social obligation)

指感受到「取之於社會，用之於社會」，進而以實踐行動來回饋社會的行為。

而美國著名的實驗心理學家巴特森(C. Daniel Batson)教授則指出，利他主義或利己主義基本上是動機狀態之別。如果將他人利益置於最高目標者便是「同情利他主義」(Empathy-altruism)；意即，個體為滿足他人利益而行動，或經衡量而作出對自己有益無害的行動。反之，如果視自己的利益為最高目標，個體為滿足自己利益而

行動，即使連帶為他人帶來好處，則算為「自私利他主義」(Egoism-altruism)。巴特森經由實驗結果發現，「同情」可能成為刺激「利他」行動的泉源，他強烈支持「同情—利他」的假設，並且聲稱真正的利他主義是存在於人類社會中。基於這種「同理心—利他主義」的善行動機，能夠解釋一些震撼人心、感人自我犧牲精神的善行。

4.4.2 正確的服事動機

1968年，《志工訓練和發展：公共小組指南》(Volunteer training and development : a manual for Community Groups)一書的作者安·斯丹芮兒(Anne K. Stenzel)和海倫·芬妮(Helen M. Feeney)兩位學者，根據參與志願服務者之態度、動機和信念，將志工人員分為五大類型：

(1) 社會服務志工

主要為幫助他人，受到與其直接互動的服務對象之激勵；通常出現在衛生或教育機構中。

(2) 議題取向志工

關心特定社會議題，例如人權、環境保護或家庭計畫等；通常為教育大眾，甚至製造社會變遷。

(3) 完美或自我表現性志工

參與的主要原因，是興趣或追求個人表現；這類志工通常出現在藝術、運動和娛樂的團體。

(4) 職業或經濟上自我利益性志工

投入商業工會、專業協會或企業家的組織，動機來自加強其事業發展、工作地位或經濟權力。

(5) 慈善或基金性志工

著重捐款或募款，而非提供直接服務；多出現在衛生、教育、社會、福利、信仰、環境及政治等團體。

由於志工參與動機不一、不易簡約歸屬類別，故上述分類不夠精確，僅存參考之價值。但如以正確的服事動機而論，人的行為受其動機所支配；然而，人心叵測，外表行為下可能隱藏著一些不可告人的動機。基督宗教的大使徒保羅勉勵人，當以「你自己凡事要顯出善行的榜樣，在教訓上要正直、端莊。」而聖經中亦有「你們中間誰是有智慧有見識的呢？他就當在智慧的溫柔上，顯出他的善行來。」行善不分貧富貴賤，有正確的服事動機，有持續的愛心服事人的心，則常可喜樂平安。

 4.5 / 合諧的人際關係

合諧的人際關係是社會整體的合諧基礎，所謂的合諧關係就是團結互助、平等友愛、共同前進的人際關係；而合諧的人際關係就是以人與人之間的他者意識為前提。他者意識促進了道德情感與道德意識的發展。道德的意識就是站在他人角度為他人著想；同情就是設身處地的去體驗他人的感受。沒有他者的意識，道德的同情是不可能形成的。同時，他者意識促進了道德認知能力的發展，他者意識是道德自律形成的主觀條件之一。

我 ⬌ 他 ﹛ 他者意識 ＋ 自律道德 ▶ 發展利他完成利己 ＝ 和諧的人際關係 ﹜

4.5.1　自律的道德

　　自律的道德不僅意味著自我的約束，更重要的是能置身於他人的角度來約束自己；自律的道德也不僅意味著能替他人著想，更重要的是能夠站在他人的角度替他人著想。如果沒有他者的視野，那麼「己所不欲，勿施於人」的道德準則，就會被理解為按照自己的主觀意願來對待他人。如果僅僅按照自己的主觀意願去處理人際關係，那就是道德上所說的以自我為中心。

　　瑞士的教育心理學家皮亞傑(Piaget, 1896-1980)[3]認為，兒童的自我中心狀態是阻礙兒童一般認識能力和道德判斷能力發展的一種心理障礙，個體道德意識和行為是從他律到自律的過程，同時就是一個去自我為中心的過程。所以，能夠站在他人的角度替他人著想，是個人內在的個體道德意識和外在外顯行為的道德養成教育的行為模式標準。

4.5.2　個體性與普遍性、主觀性與客觀性的統一

　　為明白「個體性與普遍性、主觀性與客觀性的統一」，我們先從矛盾與對立統一的哲學觀點進入。

　　對立統一是自然界的普遍現象。在物體之間、分子之間、電荷之間、磁極之間、原子之間、基本粒子之間以及基本粒子內部，不僅存在著引力和聚合的趨勢，同時也都存在著斥力和離散的趨勢。力學、物理學和化學都要考察特定的引力與斥力、聚合與離散的矛盾關係。以此理論而言，生命本身就是同化和異化、遺傳和變異的矛盾。任何生物體都與它的環境（生態）既相適應又不盡適應；在任何社會中，都存在著生產力與生產關係、經濟基礎，與各個階層間所建構出的理念而產生的矛盾。由於人們的社會分工和社會地位不同，認識水準或覺悟程度不同，在不同部門同仁之間、領導者與被領導者之間，也會有這樣或那樣的矛盾。

又如其思維過程中也有特殊的矛盾關係，例如感性與理性、分析與綜合、歸納與演繹等等。在主觀認識的領域內，正確同錯誤、真理同謬誤，亦是相對立而共同存在於思維模式與行為規範中。我們能明白「矛盾」以及「對立統一」等詞的意義嗎？不但不能，反而越加糊塗。它將「矛盾」一詞的許多不同的用法湊合在一起，由於都標以「矛盾」一詞，就誤以為其有共同的意義。在這段引文中本身早已充分展示了「矛盾」、「對立統一」等詞的空泛和無意義。

我們知道了從矛盾、對立統一的觀點出發，將對合諧的人生觀產生負面的影響。我們再以黑格爾(Georg Wilhelm Friedrich Hegel, 1770-1831)[4]的理論來說明。人們的特殊性表現為主觀需要的形式，為了要達到主觀需要的滿足，而使之成為客觀性，人們可以使用兩種手段：一是通過外在物，這些外在物也是他人主觀需要的產品；二是通過活動和勞動，也就是主觀性與客觀性的仲介。舉例而言，當一項商品的理念被提出時，原是一個主觀性理念商品的產出的，而經由了生產線的產出成為普遍性的商品，這商品滿足顧客主觀性挑剔的選擇心態與需求，而此商品亦是普遍性為大眾顧客所喜愛，所以也成為客觀性的商品。

勞動的體系其實也就是一種分工體系，人們藉由勞動與他人勞動的產品，而滿足了自身特殊的主觀需要，同時也滿足了他人的需要，與他人建立了關係。而由後者產生了普遍性。這句話如此意會：一個具有普遍性的「創意量產商品」，不僅滿足於創意生產者的主觀需求，亦滿足了顧客的主觀性選擇。由於多數顧客的主觀性喜愛而選購，而產生了普遍性。

隨著人類自身的演進，人們意識到各種需要與滿足之間的差別，因此產生了一種評判標準性，由此標準，各種需要也由這精練過後的標準被分類成殊多。由此，各種需要和手段的性質變成抽象的普遍性，這抽象的普遍性也就成為吾人與他者之間相互關係的規定。「這

種普遍性，作為被承認的東西，就是一個環節，它使孤立的和抽象的需要以及滿足的手段與方法都成為具體的，即社會的」，特殊性藉由關係轉成受眾人承認的，定義在的普遍性上，也就成為社會的。

因此「社會需要」產生了「社會需要是直接的或自然的需要同觀念的精神需要之間的連繫」，前者是個人的特殊需要，後者是作為普遍物的理念上的需要，這樣精神上的觀念某程度而言，則是個體性與普遍性、主觀性與客觀性的整體統一。

在一定意義上，我與他者的關係是一種個體性與普遍性、主觀性與客觀性的統一。黑格爾認為，普遍性相對於個體性，既是惡的根源也是惡的內容。人是個體性與普遍性、主觀性與客觀性的統一，但人們往往把自己的個體性、主觀性與普遍性、客觀性對立起來，使自我脫離普遍性和客觀性而陷於純粹的個體性和絕對的主觀性中，從而也使自己陷於惡之中。所以，黑格爾指出：從形式方面來看，惡是個人最特有的東西，因為惡正是個人把自己設定在完全自為的東西的主觀性上。所以，在我與他者的關係上能將個體性與普遍性、主觀性與客觀性統一，則可達到合諧的人際關係，也就能成為社會整體的合諧基礎，社會整體得以合諧就能團結互助、平等友愛、社會進步，享有安康和平。

4.5.3 「相處、相伴、相依」三者的意涵

在英國學者齊格蒙特‧鮑曼(Zygmunt Bauman)的理論中，將人與人和睦相處的關係分為三種：相處(being-with)、相伴(being-aside)、相依(being-for)三者。

相依的狀態是為了保護和捍衛「他者」的獨特性而產生的，其中的自我則成為承擔這一個重要的任務和責任的主體；相依是對於相處

的和睦狀態的一種超越，這種相依狀態與其**整體性**和**不可分性**是有相當大的關連性，一但進入了相依狀態，道德就會被帶入同情、服務、做善事、為他者犧牲的情境框架中。

從習俗到道德的**轉變**，是以與他者的感情關係的出現（或者再現）作為標誌，相依在它形成關於他者的一種特定行為過程之前，是一種與他者感情的約定。這裡說的感情不必是共鳴或同感，更不必是同情或憐憫，而是說將他者視為一種感情的目標，也就是說，一個人不是將他者看作是他的對象加以利用，而是將他者看作是生活事件中的一個生命共同體。將他者看作是生命共同體，不僅僅意味著要與他者共存(live with)，更意味著要為他者而存在(live for)。

與他者共存是可以被倫理道德所調節，也可以被制化的規則所調整。但是，為他者而存在，則不可能被法制化的規則所調整。因為法制化的規則在自我與他者之間架起了距離，這種規則幫助和鼓勵個人去追求適合他們自我利益的東西。在法治化規則中，每個人的利益都不一定是他者的利益。個體和他者之間的距離通過個體之間利益的分離和衝突超越了共謀的危險。在一個僅僅被解析為編纂的規則的世界裡，他者作為一種令人迷惑的，但是首先又是一種容易混淆的矛盾存在，這距離形成了一種界線隱藏在自我本體的外圍，將我與他者拉開了距離，拉開了生命共同體，而進入到僅僅是相伴或者是相處的狀態模式。在現代規範倫理學的法律主義視野中，他者是向自我實現進路上的矛盾的具體化和最可怕的絆腳石。要達到與他者共存，又為他者而存在，個體就必須作出道德努力，他有必要在整體利益與個體利益、社會價值與自我價值、義務與權利、貢獻與索取等之間確立合理的倫理互動關係。

4.6 / 結 語

人們常常是以「自我為中心」，於是各種複雜問題便接踵而來。雖然有時人們也會高呼「人人為我，我為人人」的口號，但卻不一定做得到。子曰：「己所不欲，則勿施於人。」這是最起碼的人與他者相處之道，做到這點，最少不至會引起衝突，製造糾紛。雖然孔子又言：「夫仁者，己欲立而立人，己欲達而達人。」這是積極性的為人之道，但

> **小思考...**
>
> 人由人所出，由人的關懷而成長，因他者以利他加於己身→關懷的迴路。
> 自律的道德(公平正義、不傷害)→他者意識(發展利他與完成利己)→合諧的人際關係。
> 產生人際聯繫→廁身於眾中→生命共同體。

既被認為「仁者」之事，「凡人」卻是不易做到。其實這並非有什麼難能之處，聖經上記載：「你們願意人怎樣待你們，你們也要怎樣待人。」這豈不是一種近情合理之事嗎？只要有「推己及人」之心，就會把人與我之間的距離縮短成為「人我無間」地「人就是我」「我屬於人」了。

人與人之間，有兩方面的關係，一是橫面的關係，如兄弟、朋友、同事。一是縱面的關係，是上下尊卑之間的關係。一個人若能把縱的關係維持得好，則他對於橫的關係自然必會良好。耶穌曾說：「要愛人如己。」愛是命令的總綱，愛是聯絡全德的樞紐。人與人之間公共關係的宗旨：「乃是要服事人，並且要捨命，作多人的贖價。」若能抱定「要服事人」的宗旨，那麼「人與人」之間的良好公共關係就都可以建立起來了。

個案研討試一試　APPLIED ETHICS OF PROFESSIONAL SERVICE

- 現今社會複雜多變，社群媒體與網絡充斥，你覺得要如何維持與增進人際關係？

討 論

- 謹慎投射自己的經驗。
- 留意語言、非語言訊息。
- 認清人際關係的差異。

🔊 名詞解釋

1. 人際

2. 人際關係

3. 他者

4. 利己主義

5. 利他主義

◑ 問題討論

1. 何為人際關係？

2. 試以他者之意詮解人際關係？

3. 請說明倫理學中的利己主義內涵？

4. 請說明倫理學中的利他主義內涵？

5. 請說明合諧的人際關係應具備的條件？

1 馬丁‧布伯，是猶太教哈西德派神學家，代表作《我和你》開創對話哲學，主張人神對話。本文對他的對話理論的理解有所不同，主張非神學化的人際對話，這就是胡塞爾以及存在主義宣導的主體際性的對話主張。

2 拉達曼斯(Rhadamanthus)，希臘神話中宙斯神與歐羅巴之子，生前為人公正，故死後封為冥府三判官之一。

3 讓‧皮亞傑（Jean Piaget，1896年8月9日－1980年9月16日），法籍瑞士人，是近代最有名的兒童心理學家。他的認知發展理論成為了這個學科的典範。皮亞傑早年接受生物學的訓練，但他在大學讀書時就已經開始對心理學有興趣，共曾涉獵心理學早期發展的各個學派，如病理心理學、精神分析學、榮格的格式塔學和佛洛伊德的學說。從1929年到1975年，皮亞傑在日內瓦大學擔任心理學教授。皮亞傑對心理學最重要的貢獻，是他把佛洛伊德的那種隨意、缺乏系統性的臨床觀察，變為更為科學化和系統化，使日後臨床心理學上有長足的發展。

4 喬治‧威廉‧弗裡德里希‧黑格爾（Georg Wilhelm Friedrich Hegel，1770年8月27日－1831年11月14日），德國哲學家，出生於今天德國西南部符騰堡州首府斯圖加特。18歲時，他進入蒂賓根大學（符騰堡州的一所新教神學院）學習，在那裡，他與荷爾德林、謝林成為朋友，同時，為斯賓諾莎、康德、盧梭等人的著作和法國大革命深深吸引。許多人認為，黑格爾的思想，象徵著了19世紀德國唯心主義哲學運動的頂峰，對後世哲學流派，如存在主義和馬克思的歷史唯物主義都產生了深遠的影響。更有甚者，由於黑格爾的政治思想兼具自由主義與保守主義兩者之要義，因此，對於那些因看到自由主義在承認個人需求、體現人的基本價值方面的無能為力，而覺得自由主義正面臨挑戰的人來說，他的哲學無疑是為自由主義提供了一條新的出路。

05

CHAPTER

" "

APPLIED ETHICS OF
PROFESSIONAL SERVICE

勞資人際關係
倫理學

在過往的時光中，職場上的「人、工作、組織」是三合一的概念，人追求工作、認同組織，人與組織除了契約關係之外，還有建立長久生命共同體的關係；現在人與組織間的默契，正被急速的鬆動與破壞，以往對組織忠誠與死拼活拼的工作態度，已不多見。

服務業者之資方如何對待員工、如何制定工作倫理、如何規範職場倫理，這正是服務應用倫理所需探尋的解決方針；因此，服務業體系中的組織倫理，就成為商業職等組織架構中常被探討的規範倫理，人際倫理中的勞資關係倫理與企業文化中的人文特質建構是相輔相成的，所以，這樣的專業服務應用倫理學的成長，可表徵於以利潤掛帥的功利主義的企業文化時代特性，進階提升到注重倫理品管的企業倫理時代；也就是由「全面品質管理」(Total quality management, TQM)[1]體系已堂堂邁入了「全面品德管理」(Total ethical management, TEM)[2]體系。

專業服務倫理學乃關乎於專業服務業體系的企業組織型態，以及勞資雙方應然與實然的行為現象。以專業服務業為主體在其專業服務群體中的人際關係與人際規範，正是勞方與資方的倫理規範的研究範疇，然其勞資雙方都能充分體認社會責任與誠信的永恆價值，尊重人性，才是永續經營之道。又其如何安身立命、勞資共生，如資方唯利是圖，以工具論者(instrurmentalist)[3]視勞方為工具，則違反道德自律倫理原理，這在經驗哲學表面繁榮的景象背後，早已顯露出盲點；唯盼通過更深掘倫理學理論研究，有效地制定應然的道德規範以解決難題，社會才能得到健康發展。

小思考...

人vs.工具。

5.1 / 利益關係人的定義

利益關係人是商業倫理(Stakeholder business ethic)的理念基礎，乃是彼此關聯，相互依存的商業行為之社會型態下所產生的。就是將企業所涉及的所有相關連的個人，或團體組織的利益，都包括在其商業倫理的考量中。

利益關係人(stakeholder)也有人翻譯為利害相關人或涉利者，顧名思義就是「與利益（利害）有關係的所有人」。

就廣義的定義來說，米爾頓‧傅利曼(Milton Friedman, 1912-2006)[4]認為：利益關係人就是任何受到一個組織的行動、決策、政策、行為或目標所影響的個人或團體，以及任何影響一個組織的行動、決策、政策、行為或目標的個人或團體。(Freeman, 1984: 25)

所謂利益關係人便是與公司企業活動相關，且具有正當性的個人或團體，決定正當性的因素包括了法律、道德及社會習俗（葉保強，2002: 76）。因此，恐怖集團、黑社會組織都不應被視為企業的合理的利益關係人。不管是影響公司企業或是被其影響，也不管是包括過去、現在或是未來的都算是利益關係人（利益關係人包含：已經去世的人、尚未出生的世代）。在這個考量之下，利益關係人原來的定義可進一步的修正為：「利益關係人」是「那些對企業的活動程式或／及實質方面有正當的利益(legitimate interests)的個人或團體。」

從經營策略管理的角度來看，利益關係人分析必須能為管理者提供針對具體個人或團體的行動或回應，因此辨認具體的個人或團體是必要的。

但若是由倫理的角度來看，這個具體性的要求就不一定需要。利益關係人不必是能辨識的個人或團體，管理者才能做倫理的考慮或反

應。在不能辨識利益關係人的情況之下，管理者也能夠且應該作出倫理的考量及反應，尤其是當倫理思維的目標是一般的倫理規範，而不是針對具體的個人而作的倫理反應時。設想管理者要建立一套企業應如何對待顧客或僱員的倫理守則，管理者不必要事先有顧客，才能建立對顧客應有的倫理，或企業管理者亦不必事先要認識公司所有的員工，才能建立或思考公司對員工的義務。

 ## 5.2 ╱ 康德義務論的應用

　　利益關係人理論在本質上沒有特定的理論可以依循，因此必須同時搭配其他相關的倫理理論作為應用的原則，不然在實務上其很難解決不同利益關係人之間的倫理衝突。利益關係人理論最為首要的觀念是權利與義務的關係之衡量與認定。

　　由於勞資權益與資訊的不對等，受僱者的勞方無力與聘僱者的資方抗衡，如何才能讓資方不以市場機制為名，行不利於勞方之舉；康德學派把康德哲學用來處理勞資問題，是立論於勞工與資方在相同的平等、自由的基礎下。資方絕不可以只把勞工當作是創造利潤的工具。勞工為了爭取合理的待遇，要求調整勞資關係，以便健全發展其人格，這是一個實踐理性的載體所應享有的正當權利。康德將批判方法運用到倫理學，以便探討個人的內在意志或行為所決定之普遍且必然的有效依據；純粹實踐理性不能僅經由經驗中分析，因其人不是經濟動物，人是理性的載體，人是理性的動物，每個人都有至高無上的尊嚴。

　　所謂尊嚴乃相對於價格而言。康德認為，事物的價值可區別為相對的價值和絕對的價值，前者乃「價格」，是可以替換的；後者即「尊嚴」，具有絕對的價值，既不能替代，也不能讓予的。因此，道

德律要求我們必須始終把每一個體人視為成就作為人之「目的」，而不能只當作創造利潤的「工具」來利用。社會是作為「目的自身」的人所組成的，人類社會是一個目的總體，每個個體人既是道德律的制定者，又服從於道德律的制約；亦即每個人是絕對的道德主體，因此每個個體人都是同等於平等、自由，不因性別、出身、職業、財富等經驗條件而有所差別。

康德的義務論所強調的是行為的動機：我們所要做的只是堅決履行自己的義務，而不必考慮自身行為的後果。中國西漢董仲舒亦有同語：「正其誼而不謀其利，明其道而不計其功。」具有道德的人實際上就是具有理性的人，我們所遵循的道德法則與道德責任，絕非外人強加的結果，而只能是自身理性主觀意願的體現。亦即自覺地對自身行為提出具體的要求，也知道哪些種類的行為，對於有道德的人而言是恰當的。由於道德法則是對理性行為具體形式的描述，因此，合乎某種特定的道德形式，其實是存在於人們的理性中。而理性的一些關鍵特徵是：

(1) 一致性(Consistency)

  道德行為不能自我矛盾，道德規則也不能彼此對立。

(2) 普遍性(Universality)

  理性對於所有人來說都是相同的。

(3) 先驗性(Priority)

  也就是先於經驗的道德法則可以應用於實際體驗，這也正是為什麼一種行為的道德法則，與其實際效果無關的根本原因。

因為道德法則是一項客觀的規律，因而它所反應的是一種絕對的無上命令，人們對其必須無條件的服從，因為這是理性的絕對要求。

無上命令是最高層次的道德原理，它描述了合乎道德法則行為所具備的如下三個形式條件，並可為我們提供行為的判准：

(1) 普遍推廣的一致性與持續性。

(2) 將理性人作為終極目標加以尊重。

(3) 來源於理性人的自由意志。

5.3 ╱ 勞資倫理應以尊重人為原則

康德「無上命令」論述中提及「人之為人」之人，不論自我亦或他者，當以目的待之，不可以工具待之。人有自尊，不應只被利用，而應予以尊重。人不應以價格來衡量，管理者在管理企業時應該以一種有效率的方式來管理，但也不應該違反尊重人的原則。人之所以有自尊就是因為人懂得自律，也因此可以自我支配。一個自律的人因為可以自我支配，因此會是一個負責任的人，在自律、自我支配以及負責任之間，其實是有概念性的關聯為：

(1) 只要這人是自由且具有自我訂立守則的能力，那麼這個人便是道德的代理人。

(2) 只要這人是理性的，這人便是自由且有自我訂立守則的能力。

(3) 因此，如果這人是道德代理人，這人是理性的，那麼他理性的人就是道德代理人。

在康德學派的倫理規範下的企業體，遠比傳統企業體來得民主以及給員工自主的空間。尊重人格不只是消極地避免強迫及欺瞞員工，更要積極地經由「無上命令」以及其對於善行的見解，如此才是真正地尊重其人格體。例如：企業應以提供員工有意義的工作為榮，使員

工能夠自治且能夠忠於自己的行為準則，之所以這樣認為完全是因為其假設人是理性的人格體。所謂的人格體應具備下列幾項要件：

(1) 一個人任何動作的能力及意向必須是要有原因的。

(2) 這種行為能力是深謀遠慮及建立在有效率的基礎上。

(3) 這樣的行為是在克制誘惑、忠於自我理性思考、有長期目標及洞悉結果的動機下所產生的。

(4) 這種行為能力必須接受「無上命令」。

(5) 某些可以瞭解這世界的能力及瞭解一些抽象道理的能力。

　　因此，康德所謂的「視人為一種目的」，簡單的說就是要人能夠理性思考並且主宰自己。此外，康德還認為我們有義務去關心其他人的人性、福利以及他們在道德上的發展，但我們沒有必要去使他們真正的開心、幸福（意思是我們有義務去關心人、去讓人感到開心，但對方是不是真的開心並不是我們所關切的。這是程度上的不同），於是企業體只要有用心去保護及支持員工就好了，但實質上是不是真的對員工有所助益，並不在康德討論的範圍裡。

　　因此這裡對於管理者的要求重點主要是，管理者應該要用心去關懷員工，就是出發點以員工利益勝於公司利益，至於成效如何，康德的主張似乎沒很明顯的指出。但根據《財星》雜誌指出：美國企業前100名優良的公司裡，「不解僱員工」政策是一個很重要的評估指標，這些公司裡並沒有任何有關解僱員工的政策，取而代之的是當公司營運不順或是大環境的經濟面不利時，公司裡上從管理階層下至員工，大家齊心齊力地熬過難關，全員減薪即為許多企業的一個作法，公司每一個人都將薪水調降來減低成本，而不再像傳統上以解僱員工來達到降低成本的目的。這便是傳統跟現代企業體在作法上的不同。以其例可視為，是以行為動機論出發，成就其義務論，但因其企業體已成

為生命共同體，以共同的目的（以企業體的興衰為己任）成就其個體的幸福，而達成合理的效益。

在瞭解有關康德「人為一種目的」的觀念後，我們要再歸納出以下的項次：

(1) 一個人不能藉由違反義務來使人幸福、快樂或使人有正向的自由，例如：我們不能靠欺騙對方來讓對方開心。

(2) 一個人必須要服從一個準則，這準則就是要讓人快樂、讓人有正向的自由。

(3) 但是在許多我可以提供別人快樂的情況下，我是可以選擇不提供的。

(4) 我必須真的在許多不同的場合下讓人快樂。

(5) 這些善行都要出於道德的動機。

實務上這些善行涉及了愛與尊重，而在愛與尊重之間其實存在著一種緊張的關係。因為在愛的方面，我們必須要關心對方認為是快樂的活動；在尊重方面，正所謂己所不欲，勿施於人。再來我們也要提到何謂有意義的工作：

(1) 所謂有意義的工作便是要能夠給予員工在工作得到訓練並啟發他們的自治。

(2) 可以給予員工適當的薪資，使員工能發展其理性的能力，進一步使他們學習獨立及自律。

(3) 此工作將不會阻礙員工道德上的發展。

5.4 / 勞方與資方的義務

　　要如何將利益關係人理論應用在實際的情況中，就必須瞭解其理論應用原則，其原則最後發展出一組行為準則來規範企業對每一個利益關係人之間的責任。這些問題就可以作為利益關係人分析的指引。利益關係人分析會應用的範圍，可以隨著使用者的目的而定，使用者可以用來分析公司內部不同部門的倫理責任。

小思考...

根據之前章節的學習，你認為職場倫理必勝術有哪些？

　　利益關係人通常可分為主要利益關係人與次要利益關係人兩類，主要利益關係人包括：企業業主或股東、員工、供應商等等，次要的利益關係人則為消費者、民間團體、社會等等。由此可見勞資關係在利益關係人理論中是屬於主要的利益關係人。在處理勞資關係上有關糾紛的議題時，勞資雙方之間的權利與義務，就是利益關係人理論中所需搭配的實質倫理理論。

　　基於勞資雙方經濟地位的不平等，各國皆以法制或其他規範加強保護經濟上弱勢一方之勞工。（陳炳富、周祖城 2002: 250）雙方的權利和責任可表述如下：

(1) 員工和企業的權利責任是相互補充的；一方的權利隱含著強加於另一方的責任，反之亦然。

(2) 雙方之權力責任是不完全對稱的，如工作權並無另一方的責任與之配合。此種不對稱性隱含著需要增加社會的整體努力，以確保某些權利的不被犧牲。這也說明了有大量的權利責任仍然在不斷地發展著，處在不斷的被界定狀態。

(3) 員工和企業的權利責任有可能發生衝突。例如員工的隱私權可能會與企業控制員工行為的權利相衝突；或者，員工要忠誠於企業

的權利責任，可能與他們為全體利益或個人利益的責任相矛盾。基於上述勞資雙方的權力責任互為共同主體性，則有必要對雇主與員工間的義務論倫理加以規範，其如下敘述。

5.4.1 雇主的義務

因為勞動契約具有社會化的色彩，因此關於工資的給付，並不是完全放任當事人自由約定，例如法律上對於最低工資的額度，甚至於工資給付時應該用現金或是可以用其他物品代替等，都設有強行規定，以保護基於經濟上弱勢之勞工。為了使債權人所得利益最佳化，另外還有依據法令以及雙方約定而來的其他義務。例如：「受僱人服勞務，其生命、身體、健康有受危害之虞者，僱用人應按其情形為必要之預防。」亦即責成雇主須盡到保護功能義務。另外尚有勞工保險投保義務，勞基法上結算工資、資遣費、退休金之義務，以及勞基法的給予服務證明書之義務等。

雇主除了依據上述民法相關條文外，對於勞工的生命、身體、健康等人格合法權益，負有保護照顧的義務，關於勞工的自由、名譽等，以及勞工置放於公司所管領之工作場所的隨身財物等，雖然法律沒有明文規定雇主負有照顧義務，但是基於誠信原則，仍然應使雇主負擔而至少作為附隨義務為宜。另一方面，給付具體工作是勞方的義務，資方只有接受工作的權利並沒有接受勞方工作的義務。而善待勞工，不使用童工；為勞工提供一個安全、健康的工作環境和生活環境；尊重員工人格和保障員工合法權益；用誠信來關心員工，提供暢通的勞資溝通管道等等，進而促進勞資關係的和諧穩定，更是責無旁貸。

5.4.2 員工的義務

提供勞務是員工受僱的第一要務，勞基法第十二條「無正當理由連續曠工三日」等，則引論出勤勉義務，或由同條「故意洩漏雇主技

術上、營業上之祕密，致雇主受有損害」等規定，引申出守密義務等。至於在約定的其他義務，實務上資方經常以透過工作規則之制訂，或者是誓願書、切結書等方式而使勞方負擔敬業與禁止等項次的義務守約。

為達成勞動關係的目的下，勞方對於資方應予以順從。對於營業或企業祕密，勞方需盡保密之義務，不得任意洩漏；對於企業一些出發點是良善的管制措施，例如：企業為維護秩序與安全，做出必要地搜身檢查，勞方有配合資方執行的義務。另外有些法律學者植基於權利社會化之觀點，並比較德國、日本實務學說，主張如果實際工作對於勞工有「特別利益」時，應該認可勞工有就勞請求權，但其先決條件是兩肇間之僱傭關係既係存在，雇主有受領員工勞務給付之義務，應容許原告進入工作場所提供其勞務，使工作權得以實現。

勞資雙方都是彼此的主要利益關係人，因此在利益關係人理論中，對於勞資雙方所規範的責任若都能履行，勞資雙方將能夠有和諧的關係，勞資關係並能維持穩定地發展；反之，若是雙方爾虞我詐，互相猜忌，彼此計較誰享得權利多、盡得義務少，勞資關係將難有平和地溝通方式，也無法維持勞資關係的和諧關係。並且，當勞資雙方產生糾紛時，利益關係人理論提供了檢視勞資糾紛中雙方權利與義務的履行狀況，來作為勞資糾紛評斷的判准。因此，利益關係人理論與勞資關係不可謂不重要。

所以，想要維持和諧良好的勞資關係，利用利益關係人理論規範出勞資雙方必須對彼此所履行的義務，勞資雙方並需確實履行。此外，政府必須扮演起監督的角色，以確保這些義務是否確實地被履行，因為，履行這些義務，不單可以提升企業的形象，更可增進員工的歸屬感和對公司的向心力，並讓企業內部擁有穩定成長的勞資關係，進而穩定社會秩序的安定和諧。

5.5 / 結 語

專業服務業必須是一個遵守尊重個人原則的企業體，只重視結果、績效、利潤、市場或形象的工具性的組織型態，將不能永續經營。應以康德「無上命令」中所提到的，當以人作為目的，不可作為工具來看待之。

以康德尊重個人原則的企業精神的經營理念應具備的條件(Bowie 1999: 90-91)：

(1) 公司應考慮所有受到公司決定所影響諸利益關係人的利益。

(2) 在未實行公司的規則與政策前，應讓所有受到這些規則、政策影響的人參與決定。

(3) 公司決策中不容有一利益關係人的利益永遠優先於其他利益關係人。

(4) 當有一個涉及一群利益關係人的利益，必須為了另一群利益關係人的利益而被犧牲時，公司的決策不能建基於人數的多寡上。

(5) 公司不能接受一個與普遍化原則不一致，或違反將人視為一個目的而僅是一手段的原則。

(6) 牟利公司要履行仁愛的不完美義務。(imperfect duty of beneficence)

(7) 每一家公司必須制定程式，保障利益關係人之間的關係是遵守正義規則。

正義規則的制訂須符合上述之條件，並須得到所有利益關係人的支持，它們必須是可以為公眾所接受的，因此康德學派曾提出關乎於經營實務理論的方法：

(1)　開放式管理(Open book management)

　　傳統上有關職業契約不平等的原因，一般認為源自於「資訊不對稱」，這樣企業主在上、員工在下的層級組織，久而久之會衍生許多弊病，藉由開放式管理，員工可以參與公司事務的決策，不再只是接受命令，在某些程度上，他們可以感受到他們被企業主所重視。即藉由資訊透明化，使員工可以做出聰明的決定，並且在某些時候，讓員工可以獨當一面，不再只是像以前那樣接受命令做事，另外，他們也可以看到由他們所做的決策對公司事務所造成的影響。這一種方式可以糾正資訊不對稱所帶來負面的效果，也可以改善員工長久以來對於被壓制、強迫的指責。而由於資訊的透明化使得員工就算要被解僱時，至少也可以知道他因為怎樣的原因被解僱，不再像以往般被蒙在鼓裡。

(2)　員工入股制(Profitsharing)

　　全球知名咖啡連鎖店「星巴克」(Star bucks)不只讓員工分享利潤，更讓一些年資較深的員工入股，使其有「當老闆」的使命感及榮耀。電腦大廠Intel則以尊重員工為出發點，視員工為公司最重要的資產，即便是在經濟蕭條的年代，他們還是可以穩固地維持其競爭力，祕訣就在於與員工間的良好關係。

　　現代企業已經懂得藉由與員工共用公司利潤來提高生產力，當然他們也必須與公司一起承擔經濟衰退的風險。事實上，利益共用在實務上已經越來越普遍了，約翰‧凱斯(John Case)指出有越來越多的企業採用員工入股計畫(ESOP)，這樣有一種員工即是老闆的意味，且可以消除層級組織所帶來的僵化，彌補成員間日益增大的鴻溝。這樣的作法合乎了康德學派尊重人格的方向。

個案研討試一試　APPLIED ETHICS OF PROFESSIONAL SERVICE

- 一個月前，賣鐺鐺公司生產部好經理誤以為原來合作的廠商故意抬高產品售價，而寫了封嘲弄信函。

- 但沒想到自己卻錯估市場行情，罵錯了人，心急不已…。

- 但祕書維尼小姐說：「告訴您，那封信我根本沒寄。」

- 好經理當場如釋重負，但又發覺當時叫維尼小姐馬上寄出信件卻沒寄？

- 維尼小姐解釋因覺得那封信內容不妥，所以沒寄出。

- 好經理大怒說：「妳做主，還是我做主？」

- 維尼小姐被記了一個小過，她到壞經理那訴苦，希望調到壞經理的部門，壞經理直言包給他辦。

- 結果隔兩天，維尼小姐被解僱了。

討論

- 維尼小姐明智嗎？有委屈嗎？有錯嗎？

- 好經理與壞經理的處理方式正確嗎？

- 站在勞資雙方上，我們應從哪些倫理學角度處理職場的問題？

名詞解釋

1. 利益關係人

2. 資方

3. 勞方

4. 雇主

5. 員工

6. 誠信原則

7. 尊重個人原則

問題討論

1. 請比較企業文化中之「全面品質管理」轉變為「全面品德管理」體系的意涵？

2. 試說明工具論者視個體人為創造利潤的「工具」與康德視個體人為成就作為人之「目的」，於企業體的決策中將起何種作用？

3. 請說明利益關係人在倫理學中的意涵？

4. 請說明於勞動契約中雇主與員工義務各為何？

5. 請說明「誠信」原則在企業體中的重要性？

6. 請說明尊重個人原則在企業成就永續經營的重要性？

本章註釋

[1] Total quality management (TQM) is a business management strategy aimed at embedding awareness of quality in all organizational processes. TQM has been widely used in manufacturing, education, hospitals, call centers, government, and service industries, as well as NASA space and science programs.

[2] This study investigates current linkages between ethical theory and management behavior.

3 「工具論者」的學者，將族群視為一政治、社會或經濟現象，以政治與經濟資源的競爭與分配，來解釋族群的形成、維持與變遷。有時稱為「況遇論者」(circumstantialists)，強調族群認同的多重性，以及隨情勢變化的特質。族群認同是多變的、可被利用的，也是隨狀況而定的。

4 米爾頓・傅利曼(Milton Friedman, 1912年7月31日－2006年11月16日)是美國經濟學家，以研究宏觀經濟學、微觀經濟學、經濟史、統計學，及主張自由放任資本主義而聞名。1976年取得諾貝爾經濟學獎，以表揚他在消費分析、貨幣供應理論及歷史、和穩定政策複雜性等範疇的貢獻，被譽為20世紀最重要的經濟學家之一。

06
CHAPTER

APPLIED ETHICS OF
PROFESSIONAL SERVICE

會計人際關係
倫理學

6.1 會計職分道德介說

6.2 廉潔奉公原則

6.3 誠信原則

6.4 為人服務的宗旨

6.5 結語

任何工作都不是孤立的，它必須與一定的人際、時間、環境相協調。與一般的工作相比，會計工作具有涉及面廣、事務性多、政策性強、風險大的特點，除了正常的財務收支、會計核算、會計監督業務以外，還要與各單位主管及職工發生聯繫，也要與銀行、財政稅務等部門發生聯繫。人際環境對做好會計工作有著重要的影響，而誠信是處理人際關係的基礎，有些會計人員認為根本辦不成的、不可能的事情，而由另外的會計人員去辦，可能會得心應手，左右逢源，做得很出色，而且並不違反現行的政策、法規，所以，協調處理好會計工作中的人際關係，對會計工作的開展產生積極的作用。

> **小思考...**
>
> 會計的工作規範（範疇）？
> 會計工作的人際互動為何？
> 你對會計人員的印象？
> 得體的會計人員應為何？

6.1 / 會計職分道德介說

會計工作是一項專業性、政策性、技術性、時間性很強和業務量很大的工作，只有認真把握專業知識，熟悉政策，把握規律，精通規程，在工作上精益求精，以業務服人，以能力服人，以效率服人，以業績服人，才能受人敬慕，對主管要掌握充分表達的機會與能力，對職工要解釋的清楚明白，和同事們融洽談得來，讓各業務單位能充分掌握到相關業務所需資金資訊。所以，會計人員要注重學習財政財務和會計專業知識，增強自己的專業技能，提高自己的專業水準，塑造自身良好的素質。既要按政策辦事，又要有所創新，不能僅是墨守成規，人云亦云，而是要獲得突破性成果，為經濟工作或者單位作出獨特貢獻。

會計道德規範是要求會計人員在處理個人和他人、個人和社會關係時必須普遍遵循的具體的行為準則。會計道德規範對會計人員的行為產生兩種作用：

(1) 宣導作用，告訴會計人員應該怎樣做。

(2) 約束作用，告誡他們不該怎樣做。

會計道德規範在道德行為完成之前是指導行為選擇的指南，在道德行為完成之後是對行為進行善惡判定的準繩。會計人員的行為假如符合這些規範的要求，就是善行；假如背離，就是惡行。可見，會計道德規範一方面是會計人員在共同的職業生活中，經過長期的反復實踐逐漸形成的對會計行為的道德要求；另一方面，它又是大眾對這種要求的熟悉與認知。這種熟悉與認知是人們按照自己的社會關係能動地、自覺地創造出來的，通過一定的思想形式和社會途徑又回到會計人員的工作實踐中，而成為會計人員調整道德關係的行為準則。因此，會計道德規範是客觀要求和主觀要求的統一。

會計道德的產生和發展具有其客觀必然性。這種客觀必然性歸根到底是由經濟關係，即生產關係決定的。它是治理領域中的社會關係的反應。作為一種標準，對會計人員之間的社會關係和道德關係的本質的、有必然聯繫的集中和概括，是一種規律性的反應與要求。會計與經濟效益之間，客觀上存在著內在的、必然的、不可分割的緊密聯繫，會計之所以隨經濟發展而顯得越來越重要，原因就在這裡。隨著經濟體制精進與深入發展，不講效益的會計人員是不稱職的。講究效益已成為衡量會計工作價值的尺度，是會計道德規範的最終目的。如何才能講究效益呢？這要求會計人員做到以下幾點：

(1) 會計人員要衝破固有守舊的思想和平均主義思想，一切從實際出發，理論聯繫實際，以現實考量為要，在會計實踐中探索專業服務業者之公司企業興衰治理的現實執行政策。

(2) 要關心、研究會計法規，更要投身、推動該公司企業健全之會計改進。會計是經濟與治理工作的基礎，反應經濟運行以提供財務資訊為主的經濟資訊系統。會計工作涉及面很廣，進行公司企業會計改革必然會影響公司企業運作的各個層面。隨著經濟體制精進改革的深化和會計的新問題、新情況出現，會計人員要認真去發現、研究、解決，以全面推進政策執行。

(3) 要樹立重視效益的思想，講究時間、效率戰略。效率戰略是以最低的成本消耗，創造更可能多的物質財富；時間戰略是要求在保證效益的前提下，以最短的時間、最快的速度去創造最高價值。效率與時間相輔相成，效率中本身就有時間的規律性，時間是檢驗效率的標準之一。會計人員必須有強烈的效率、時間意識，要自己支配時間，還要考核其他人員對時間的合理利用，力求高效率地做好會計工作。

在主張重視效益的同時，我們還要堅持道義的原則。道義與效益的關係在於：我們所追求的效益是有道義的效益，道義則是實現最佳效益的動力。一旦道義與效益發生矛盾，首先應該考慮的是道義。符合道義的經濟效益才是我們追求的目的。會計改革的目的就是要在道義與效益相統一的原則下，促進同步發展。

6.2 / 廉潔奉公原則

在倫理學規範體系中，道德基本原則總是處於首要地位，起著主導作用，是規範體系的總綱和精髓。要體現會計工作的職業特點和要求，使之成為規範會計人員的行為和進行道德評價的基本標準，是要使主體性與個體性有機地統一起來。因此，會計道德基本原則為：**廉潔奉公原則**。所謂廉潔，是指清白，與損公肥私和貪汙盜竊相對立。《楚辭・招魂》有「朕幼清以廉潔兮」。王逸注：「不受曰廉，不汙曰潔」。所謂奉公，是指奉行公事，與假公濟私相對立。《史記・廉頗藺相如列傳》有：「以君之貴，奉公如潔，則上下平」。廉潔奉公就是要求潔身自好，主張為公眾謀事，這是會計工作的非凡職能所決定的。

小思考...

如何重視效益，堅持道歉？

道義

效益

會計人員首先在經濟上必須是廉潔奉公、公私分明的人，而社會也以此為標準作為考察，會計人員在社會生活中的職業威信和信譽的取得，很大程度上依靠於這種道德品質。這是對會計人員的行為提出的最基本的道德要求，是衡量他們思想和行為的基本道德標準，也是他們在職業生活中必須遵循的行為準則。它們作為統一體，貫穿於會計道德發展過程的始終。可以說，會計道德基本原則是會計道德規範，它決定著整個會計道德體系的性質和方向，從根本上指導著會計人員在職業生活中如何正確處理同行之間、個人與社會其他成員之間、個人與集體之間的關係。

所以，道德廉潔奉公的原則反應了社會對會計人員在會計工作中責、權、利方面的根本要求。其原則上包括：

(1) 要正確熟悉自己手中的會計治理權是權利與義務的一種表現。

對會計人員來說，權只是一種責任，權越大，責任就越大，決不能將所把握的權力變作謀取私利的特權，無論個人有什麼特殊要求，絕不能利用治理錢財的方便，動用、侵吞一分錢。在社會交往中，保持清醒的頭腦，絕不以任何形式，用權力去為自己或他人謀私，也不被他人利用去謀私，做到一塵不染。

(2) 要深刻熟悉到自己治理的錢物，是屬該企業公司的公共財產。

會計人員理所當然地應該成為履行這一義務的模範，這也是會計人員對該企業公司的忠誠、熱愛精神的體現。會計人員要把好「關」，守好「口」，絕不答應任何人以任何方式揮霍浪費，侵吞公司的錢財。要與化公為私、盜公利私、損公肥私的行為進行果斷的杜絕，維護其公司的利益與自身的聲譽。上述兩項會計道德原則體現了廉潔奉公道德原則，給會計人員指明了職業生活中從善的行為方向，同時也是會計道德規範和會計道德範疇的理論基礎。

6.3 ／ 誠信原則

和諧社會的內涵是「民主法制、公平正義、誠信友愛、充滿活力、安定有序、人與自然和諧相處」，在和諧社會中，誠信友愛是和諧社會的核心價值目標。廣義上的和諧社會是指經濟、政治、文化、社會四個方面協調發展、良性運行。狹義上的和諧社會主要是指社會關係的和諧。無論是廣義上的和諧社會建設還是狹義上的和諧社會，誠信都是關係著協調發展、良性運行的基礎。

誠信，包括兩方面的含義，「誠」即真實不欺，既不自欺，也不欺人。朱熹云：「誠者何？不自欺，不忘之謂也。」誠意，只是表裡如一，一個人只有做到表裡如一，以誠相待，才能達到個人內心的和諧與人際關係的和諧。否則，欺名盜世，自欺欺人，會導致個人內心的失調和人格的分裂，人際關係緊張，失去友情，成為孤家寡人。「信」，主要指在與他人交往中應講信用，遵守諾言。孔子極為重信，他強調做人要「言必信，行必果」、「與朋友交，言而有信」、「言而無信，不知其可也」。人若不講信用，就無法做人行事。在誠與信的關係中，誠是信產生的基礎和原因，自己以誠待人，必然獲得他人的信任。同時，信是誠的具體表現，信體現誠。在社會中生活，只有將自己真實的一面展示在他人面前，才能夠贏得他人的信任，才能夠彼此信任。人們彼此信任才能夠真誠地進行合作。個人在人際交往中講誠信，就會形成人際關係的良性互動。

財務會計工作直接涉及國家、單位（集體）和個人的經濟利益，每個人都非常關心單位的財務問題，財務問題通常成為單位各種矛盾的「導火線」。一方面，會計人員擔負著單位的資金收支和財務治理任務，要依法及時對企業的經濟活動進行查核，保證會計資訊的真實性、完整性；另一方面，會計作為經濟活動的一種監督手段，會計人員還要宣傳解釋，貫徹執行國家的財經法律所訂定的法規和規章，取得單位主管和職工對會計工作的理解、支援、幫助和協作，維護財經紀律。如此會計人員要做到的職分有：

(1) 要向各單位的主管和職工宣導目前國家的財經法規和有關制度，樹立各部門職員的財經紀律意識，時刻提醒各單位人員按照財經制度辦事。

(2) 認真進行組織前瞻性調查與研究，積極於事前、事中和事後監督，加強核算，統籌安排，合理使用資金，提高資金效率。

(3) 嚴格執法，秉公理財，維護財經紀律的嚴屬性，單位的經濟活動必須符合國家政策和財政財務會計制度。

　　而這些工作的開展，在一定程度上受到會計人員與主管，以及會計人員與職工之間相互關係的影響，協調處理好相互之間的關係，建立起信任、支持的人際環境，能夠提高會計工作效率，促進會計目標的實現。

　　同時，會計工作還要與有關單位或者個人進行資金結算、款項的收付，協調處理好與這些單位或者個人之間的關係，建立誠信，可以使會計工作得到對方的理解、支持與合作，減少誤解橫生枝節，還能使整個會計工作處於良好的關係氛圍以及和諧、輕鬆的社會環境之中，從而，增強會計人員自身做好會計工作的信心，提高從事會計工作的榮譽感。

6.4 ／ 為人服務的宗旨

　　會計工作天天與「錢」、「物」打交道，所以，必須樹立正確的「價值觀」、「人生觀」，牢記「為人服務」的宗旨，養成無私的品德。因此需建立下列的服務宗旨觀念：

(1) 必須「言善行密」，謹慎從事，做到按程序辦事，講求實據，公平執法，勤勉從政。不能不講原則、不講規矩，不越權辦事、違反程序辦事，更不能隨心所欲。

(2) 要不拘於舊觀，敢於發揮主觀能動性，結合科學態度和創新精神，使整個工作既有序運轉，又佈滿活力和生氣。要實事求是，一切從實際出發，勇於改革，使會計工作在本單位、本行業或者本地區，甚至全國處於領先地位。

(3) 積極地與銀行、財政稅務、審計等部門保持聯繫，進行廣泛的資訊交流，主動接受他們的監督、檢查與指導，因外部監督和專業指導能夠更好地促進內部問題的發現，啟動改革的機制，提高治

理水準，加強聯繫。對於資金往來結算單位和個人，也要做到以禮相待，講究信用。這樣才能使會計工作取得企業上下的理解和支持，並贏得有關業務單位的信任，從而樹立良好的會計形象。

在工作中，會計人員難免與主管或者其他部門發生分歧。為了消除分歧，會計人員要以誠信為本，講究工作方法，主動與主管或者有關部門溝通協作，並做好宣傳解釋工作。通過經常做工作、做細的工作，讓主管、職工在熟悉和行動上達成一致，要嚴於律己，善於從自身上找問題，不能總是抱怨主管、職工不知己，不懂事理。針對一些大的收支，重要專案，以及其他容易發生問題的環節，會計人員平時要主動向主管作「前瞻性」評估報告，如果發覺主管見解有誤時要充分與主管溝通，提出補救措施以修正決策方針。對單位職工也要增強服務意識，提高服務品質，要站在一般職工的角度看待、熟悉會計工作，面對職工的爭執要冷靜處理，不可高高在上，以監督者自居。確實屬於自己工作方法不當、理解角度不同等原因，一時出現的錯誤，當主動承認錯誤，不能得理不饒人。

 ## 6.5 / 結 語

中國人說：「五百年修得同船渡。」人們在一起工作，每個人都應珍視這種機緣，不能自視過高，目無旁人，甚至稍不如意，就視同敵手。故整體而言，會計倫理需有以下之職場概念：

(1) 要誠懇、講守信

「待人以誠而去其詐」，這是人際交往和相處的重要原則，只有言實意真，對方才能相信和接納，反之，哄騙欺詐，有事不敢相托，則什麼事情都不會做成。

(2) 做善良人、正派人、明白人，學會體諒別人，平等待人

出主意，想問題，堅持公平、公正，不為個人、眼前和局部所累。處事要講究原則、政策、法紀，作風嚴謹，做事踏實，行為磊落。不能撥弄是非，無中生有；不道他人是非，害人害己。

(3) 要建立良好的人際關係

良好的人際關係不是以滿足個人和小集團利益為內容的庸俗的人際關係，而是在正常的人際交往過程中，建立起來的健康的人際關係，應以更好地落實政策，實行會計監督、貫徹執行財經紀律，維護正常的會計秩序為出發點，正確處理好國家、集體和個人三者之間的利益關係。

小思考...

會計道德：
1. 宣導：應該如何做。
2. 約束：不該怎麼做。
3. 主客觀合一：生活實踐形成之自我道德要求＋人自覺創造出來的。

個案研討試一試 APPLIED ETHICS OF PROFESSIONAL SERVICE

- 菊子是一家電子業龍頭公司的會計。菊子發現公司的收入出現重大錯報，而且是故意引起的。
- 菊子將這個資訊報告給主任花媽。
- 但花媽叫菊子不要說出這事情。

討 論

- 菊子應該聽從花媽的「忠告」嗎？
- 或者，他還有超越公司利益的更大責任？

名詞解釋

1. 廉潔

2. 奉公

3. 誠

4. 信

問題討論

1. 請說明會計道德規範的重要性？

2. 請說明廉潔奉公的應用規範倫理學原則在會計職分上的重要意涵？

3. 請說明誠信的應用規範倫理學原則在會計職分上的重要意涵？

4. 請說明為人服務宗旨的博愛倫理原則在會計職分上的重要意涵？

 **MEMO**

07
CHAPTER

APPLIED ETHICS OF PROFESSIONAL SERVICE

關懷倫理學導論

　　關懷倫理學(relational ethics)興起於1970年代末～1980年代初的美國。在西方第二次女性主義運動的影響下，美國心理學家卡羅爾‧吉利根(Carol Gilligan, 1936)[1]首先對科爾伯格(Lawrence Kohlberg, 1927-1987)[2]的公正倫理觀提出了質疑，提出在女性的道德思維中存在著「關懷」的道德趨向，進而建構了關懷倫理學。

　　此後，美國著名的哲學家、教育家內爾‧諾丁(Nel Noddings, 1929)[3]從倫理學層面對關懷倫理學進一步系統化和理論化，並將這一理論應用到道德教育實踐中，形成了道德教育的關懷模式，在西方社會產生了廣泛影響。隨著「學會關心」日漸成為當今世界共同關注的教育主題，關懷倫理學亦是當代西方女性主義倫理學中的重要理論，它肯定女性獨特的道德體驗，關注具體的道德情境，強調人與人之間的感情、關係以及相互關懷，並強調了「榜樣」、「對話」、「實踐」、「認可」在道德教育中的重要作用。它的產生為道德發展和道德教育提供了新的研究視角和內涵。

> **小思考...**
> 關心＝關懷？

7.1 ／ 吉利根的女性主義

　　關懷倫理學是二十世紀下半期由女權主義者建立的一系列標準化的倫理學理論。與功利主義和道義論的倫理理論強調普遍標準和公平不同，關懷倫理學強調「關係」的重要性。

　　關懷倫理學的創立者是心理學家卡羅爾‧吉利根。她早期曾經與建立道德發展階段理論的心理學家勞倫斯‧柯爾伯格共事，吉利根批評柯爾伯格的研究結果是基於對男性的研究，於是她轉向研究女性的道德發展[4]。卡羅爾‧吉利根對於柯爾伯格的道德發展階段論(Theory of Moral Development)，及以正義(Justice)和權利(Rights)為道德發

展最高階段考慮的理論，既作出了繼承又作出了批判。吉利根留意到柯爾伯格研究的對象均為白人男性及男孩，她認為柯爾伯格對道德發展的研究排除了女性的經驗，特別是女性對關懷(care)、人際關係(relationship)及連繫(connection)在道德判斷中的考慮及其價值。

在《不同的聲音》(In a Different Voice)一書中，吉利根報告及分析了29位15~33歲之不同種族及背景的女性分別兩次的訪談，澄清婦女如何去處理建構及解決懷孕或墮胎的道德處境。吉利根發現女性把道德定義為實現關懷和避免傷害的義務問題，與男性對公正及權利探討時表現出那種抽象的「形式邏輯」成為強烈的對比，對吉利根來說，女性對判斷道德問題的猶疑，不是基於缺乏對抽象的權利及正義思考的能力，反而是基於對現實的複雜性的瞭解。

與此同時，她勾劃了女性的關懷倫理發展階段：

(1) 第一階段

為確保生存而關懷自我的需要，在這階段，道德是社會強加的約束。

(2) 第二階段

女性對前階段批判為「自私」而產生對他人聯繫的責任，試圖對依賴者作出保護，甚至排除對自我的關懷，在這階段，女性的主要關懷在他人身上，「善」被看成為取決於其他人的接受。

吉利根認為：「傳統的女性聲音極為清晰地出現了。在前兩個階段的轉折中，女性一再經歷對前一階段的不穩定因素（如對他人關懷的排除、對自己關懷的排除），通過對他人與自我的關係作出重新理解，對自我與他人的互相依賴有更深刻的體認，發展出關懷倫理學的最高階段，而這階段往往也不是對道德判斷有一致的意見，女性對自己的聲音與他人的聲音區分，協調傷害與關懷之間的差異，對兩難處境作出抉擇，並承擔其導致的責任。」

吉利根曾提出，一位努力把自己和他人需要之考量，涵蓋於其決策中的女性已婚天主教徒的心路歷程：「在我的處境下……我認為自己的道德是有力的，如果這些原因並非這樣，我就沒有必要去流產，因而流產是一種自我犧牲……我認為自己有一點自私……我確實認為自己一直是正確的，沒有隱瞞任何東西……這是一個明智、誠實和現實的決定。」吉利根以關懷倫理學的觀點，評價女性在墮胎的抉擇中，注意到自己的需要有時被別人看成自私的，但從另一方面看，「這不僅是誠實的也是公正的」，因為她既在決定過程中考慮了其他人，同時沒有忽略了對自己的關懷。

　　對吉利根來說，傳統女性是被教育成為關懷他人，亦期望他人對自己作出關懷的，她發現「在男孩發展形式邏輯思維的同時，女孩在早期學校階段的道德發展在青春期卻作出讓步」，對男孩子來說「發展意味著越發地把其他人看做是與自己平等的」，對女孩子來說，「發展跟隨著把自己包括在一個不斷擴展的聯繫網中」。所以，她的關懷倫理學也要求聆聽女性的聲音，要求男性世界重新衡量「自私」、「關懷」及「公義」的意義及價值；在墮胎問題上，吉利根放棄傳統倫理學的抽象論證手法，並不相信以一項或幾項普遍命題來推導結論及指導現實決定的正義倫理學，反而，她從女性的經驗及聲音中，看到女性主義崇尚的關懷倫理學。

7.2 ／ 諾丁的關懷倫理

　　諾丁(Nel Noddings, 1929-)[5]從自身女性經驗為出發，勾勒出有別於男性取向正義論的關懷倫理，強調女性在面對道德命題時，希望能夠更為貼近道德真實情境，最好能與當事人面對面，藉由觀察對方的眼神、動作而獲得更多的訊息，最後完成有別於男性的道德決定。

在道德教育歷程當中，總是有著「重認知，輕情意」的刻板印象存在，關懷倫理學中的女性精神與男性精神之強烈對比，發出了另一半人類的道德聲音，為道德研究提供了一線新的曙光。而傳統道德教育當中大都強調道德認知的提升，忽略了「行」或是「實踐」的道德層面，諾丁也提出道德態度與道德推理之對比，這並不表示邏輯要被揚棄，或女人不懂邏輯，而是要呈現另一種觀點，一種起於道德態度或對善的嚮往，而非道德推理的觀點(Noddings, 1984a)。

此外，諾丁選擇了以關懷為出發的「母親語言」，而非倫理學一直以來使用在論辯當中的「父親語言」，不以數學式的邏輯論證攻擊傳統倫理學之是非，而是以女性經驗出發，將表象層層剝開後，探究其核心**「關係」**。一個關係的形成必定包括兩方面，諾丁將關係的兩方名之為**「關懷者」**(one-caring)和**「被關懷者」**(cared-for)，這個策略的使用是受到存在主義哲學家的啟發（邱亦岱，2003）。

諾丁將**「關係」**界定為：一組組由某些規則所連結的井然有序的成對事物，這些規則描繪成員之間的相互作用和主觀經驗（邱亦岱，2003)。諾丁認為，人之所以存在的基礎乃根基於**「關係」**，在各種不同關係中與他人發生著不同際遇，人的定位似乎總是被束縛於不同的關係當中。但其實，自由本就存在於關係當中，而非絕緣於其外，故在付出關懷的同時，我們也就由關係獲得成長與引導。所以，乍看之下，束縛人們的關係鎖鍊，反而是彰顯人性自由的基礎，維繫關係是自由發用的關懷實踐（方志華，2000）。

諾丁所提之關懷關係，亦近似於我國所強調之「施與受」關係。關懷關係就其最根本的形式而言，是兩個人之間的聯結與相遇，也就是一個關懷者和一個被關懷者之關係。對關懷者來說，關懷意味著體諒(feel with)別人，體諒就是去接受他人，不只是以己度人而已，關懷的對象不外於我，而是內在於我，是我的一部分，在關懷關係形成時，我即是你，你即是我（邱亦岱，2003）。

關懷關係是開放的、真誠的、喜悅的、關懷的,而非是按照某些固定或特定的規律原則行事,而是將其視為是一種美德,也是一種身之為人的屬性、特質。關懷者不將被關懷者摒除於認知之外,更不會循著公式化的步驟去思考道德問題的第一步怎麼做、第二步怎麼走,而是發自內心的提供關懷予被關懷者,將心比心,感同身受,絕非僅是物化或是制式化的處理某個東西或事件而已。雖然被關懷者與關懷者間的關係非平等,但卻是脣齒相依、相輔相成,因為關懷關係的特性是接受的,也是互惠的,被關懷者在接受關懷後,因受關懷者全心參與的支持與鼓勵,而得以有所助益,並裨益於被關懷者能夠有所自我成長,以達自我實現,故被關懷者發揮其積極作用,並非只是被動的接受關懷,而是進一步的給予善意的回應,使關懷關係構成關懷倫理道德觀之基礎。

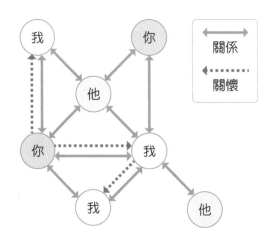

7.3 / 關懷倫理學的主張內涵

從關懷倫理學各方面在發展與建構之中,我們可以概略勾勒出關懷倫理學的主張內涵:

(1) 對道德來源的主張

是道德感性而非理性，是道德實踐中核心的發動地位，過去重視道德理性的傳統，將道德動力的現實來源給忽略和邊緣化了。而關懷正是感性所生發之道德的源頭。

(2) 對人的處境之主張

是人際間必有互相依存的關係，而非可以只揭示獨立自主自律的理想面向去看待人的處境。

(3) 對人性自由的主張

是主張關懷關係是人真心嚮往的道德理想，人不只於存在抉擇中彰顯其主體自由，更在關懷關係的施與受之中，對話溝通情意的交流間，彰顯出道德圓滿成就的自由。

(4) 對道德教育的主張

是主張理想的親密關懷關係的建立，是人性道德發展的基石。道德實踐的動力不只在於當下的認知與抉擇，更在於在日常生活因關懷關係而孕育的道德自我感，潛藏於其中的道德自我理想形象，是可以發掘道德力量的真正源頭。

(5) 對道德論述的主張

是重視道德理解的溝通過程，甚過於道德知識的論證程式，真正道德的聲音要從道德主體的脈絡論述中去傾聽尋求，而非由事先設定好的道德普遍原則去概括判斷。

(6) 對民主社會的主張

民主社會之價值可以有更深入的闡釋，即以關懷的立場照顧社會中多元而有個別差異的需求，而非只以正義和自由主義的立場給予人人相同的對待，如此可以建立一個由民主出發，而富關懷溫暖的社會。

7.4 / 關懷倫理的道德理想之建構

倫理學的首要任務，是提供一種規範理論的一般框架，藉以回答何為正當或應當做什麼的問題（何懷宏，2002）。因此，倫理道德含有指引、提攜的功能，故道德理想之建構可如明燈般，引領我們在情境中完成道德實踐。以下分述關懷倫理學道德理想之初步建構理念：

(1) 本能衝動產發自然關懷

諾丁肯定自然關懷(natural caring)，乃在於自然的本能衝動產生時，當下之發心動念是為別人好，我們可視之為善。這非從邏輯推導，而是在乎於主觀感受。例如親見老者獨自杵柺杖過馬路，我們不由自主的向前攙扶，這就是自然關懷之情。但並非所有人都會發善為行，因此諾丁認為自然關懷和道德關懷(ethical caring)間還有一段尚待努力之距離，義務的道德感需要被喚醒及培養，而道德關懷所憑藉的，就是對自然關懷情感的回憶。情感使人能夠開展關懷心，進而能有道德的實踐行為，諾丁肯定自然關懷發生之善，是培養道德關懷之基礎，但更必須努力提攜道德關懷，以呵護原有的自然關懷（邱亦岱，2003）。

(2) 痛苦與無助產發惡的情感

善與惡亦為倫理學所要探討之主題，而傳統哲學也不乏對「惡」的探討。諾丁從女性主義的立場，提出「痛苦」(pain)、「無助」(helpless)是構成惡的最主要的情感條件，惡並不是善的相反，或是某種行為的特別屬性，而是在相互的關聯中，所滋生的不快結果。只有從關懷的角度出發，才能使人間痛苦、分離、無助的情緒降低（邱兆偉，2003，第七章）。

(3) 捨棄傳統「應然」與「實然」之區分

　　道德生活並不是與自然界分離開來的形式，由於我們人是生活在這個世界上，不是從外面觀看的觀察者，因此我們的道德感和直覺反應也同樣是這個世界的產物，因此，關懷倫理學捨棄掉傳統對於「實然」與「應然」的區分。

(4) 揚棄絕對真理

　　諾丁指出，道德行為是源自關懷的態度，不是事實原則的推演（簡成熙、侯雅齡，1997），因此，對於所作所為做出合理的說明與證成，在道德上並無太大作用，重要的是關懷態度的維持。

(5) 在盡義務處得到生命喜悅

　　關懷者與被關懷者維持互動、互惠的關係，關懷者以關懷的心付出愛，協助被關懷者自我成長，從義務的道德關懷獲得喜悅；而被關懷者對此做出積極的回應，構成彼此生命的完滿。

7.5 / 結　語

　　就其關懷倫理的學說目的而言，關懷倫理學不論從人際關係的微觀層面去論述，或是從社會政治的宏觀角度去研議，然其目的都是要從造就兩性平等關係著手，去開啟一個充滿關懷理想，能在民主中實踐關懷的多元自由的新社會。

　　但是，因為關懷倫理學是以感性為道德之基礎，非以理性出發，然則難以為西方傳統倫理學的論證體系所接受，但諾丁所認為的關懷德行是從潛在到成熟發展，其實是一歷程的潛移默化，這正是西方「知即德」的道德哲學傳統所忽略的。因此她提出重視感性的發動力量、繼續不斷的對話、情境脈絡的掌握、建設性的溝通、接納與設身處地、責任與承諾等內涵，而有別於重視認知、判斷、道德原則的道德哲學。

總之，諾丁所提出其關懷倫理學的哲學，是以女性在日常生活中的實踐為出發點，以關懷作為道德感性，以親子關係作為關懷感性流露的自然基礎，以義務感的發動作為道德關懷的道德基礎，視其理想關懷關係的建立作為道德理想的完成。

我們可環觀東方哲學，如中國的儒家、道家，在人性論上是以其體證為基礎，則可以充實關懷倫理學的理論基礎。另外，關懷倫理學重視女性和弱勢者的權益，重視人際間互相的真情流露，重視從實踐中發揚關懷德行，重視政治社會層面的全面改革，並試圖開發各種實踐的可能途徑，正可以為儒家內聖外王的關懷理想鋪上現實的道路。因此，關懷倫理學在以儒家為主之華人社會的提倡，可能又有一番新意在其中，這也是講求在差異中去開啟道德之聲的關懷倫理學者，所樂見其成的！

個案研討試一試　APPLIED ETHICS OF PROFESSIONAL SERVICE

　　2020新冠病毒爆發，造成全世界性的大災難，各國醫護人員與醫療資源短缺，例如：口罩的缺貨，造成大排長龍搶購等問題產生，各國也出現醫療資源不足問題……

討 論

- 若發生醫療資源不夠時，如何救治病人？有醫療排序？（先救誰）
- 以關懷倫理觀點，怎麼看待此事件？

名詞解釋

1. 關懷倫理學

2. 關懷

3. 自然關懷

4. 道德關懷

5. 關懷者

6. 被關懷者

問題討論

1. 請簡述關懷倫理學的起源為何？

2. 請論述卡羅爾‧吉利根的女性關懷主義為何？

3. 請論述諾丁關懷倫理學為何？

4. 綜論關懷倫理學的基本主張內涵為何？

5. 請說明關懷倫理學的道德理想建構為何？

6. 請比較諾丁的感性倫理學與傳統的（理性取向）倫理學之間的差異為何？

本章註釋

[1] Carol Gilligan is an American feminist, ethicist, and psychologist best known for her work with and against Lawrence Kohlberg on ethical community and ethical relationships, and certain subject-object problems in ethics. She is currently a Professor at New York University and a Visiting Professor at the University of Cambridge. She is best known for her 1982 work, In a Different Voice.

[2] Lawrence Kohlberg (October 25, 1927 – January 19, 1987) was an American psychologist born in Bronxville, New York, who served as a professor at the University of Chicago, as well as Harvard University. Having specialized in research on moral education and reasoning, he is best known for his theory of stages of moral development. A close follower of Jean Piaget's theory of cognitive development,Kohlberg's work reflected and extended his predecessor's ideas, at the same time creating a new field within psychology: "moral development". Scholars such as Elliot Turiel and James Rest have responded to Kohlberg's work with their own significant contributions. In an empirical study by Haggbloom et al. using six criteria, such as citations and recognition, Kohlberg was found to be the 30th most eminent psychologist of the 20th Century.

[3] Nel Noddings is an American feminist, educationalist, and philosopher best known for her work in philosophy of education, educational theory, and ethics of care.

4 人類道德發展的六階段說：(1)成規前級（無律）：其一，懲罰與服從的性向。其二，工具性目的與交易的性向。（自我中心）(2)成規級（他律）：其三，與好孩子看齊的性向。（德行倫理，關懷倫理？私領域？）。其四，法律與秩序的性向。（實證主義，契約論？）。(3)成規後級（自律）：其五，基本權利與社會契約或效益的性向。（契約論或效益論？）。其六，普遍倫理原則的性向。（義務論，正義論溝通倫理？）。寇柏以六階段評量女性，認為女性的道德觀念只發展到第三階段，因此引起他的助理吉利根針對女性道德觀念之發展作特定研究。

5 Nel Noddings (1929–) is an American feminist, educationalist, and philosopher best known for her work in philosophy of education, educational theory, and ethics of care.

 **MEMO**

APPLIED ETHICS OF
PROFESSIONAL SERVICE

老年關懷倫理學

　　臺灣生活品質持續進步，衛生、醫療、飲食水準的改善，國人平均壽命增加與生育率的下降，致使老年人口比率不斷增加，聯合國對所謂「老年國」的定義是老年人口占全國人口的7％以上即屬之，臺灣在1990年老年人口比率是6.22％，2004年是9.48％，2014年底臺灣65歲以上的老年人口比率已高達12％，超過全世界平均的8％甚多，臺灣每年的老年人口比率都在持續成長中。以2014年底所作的統計而言，臺灣老年人口的比率在亞洲僅次於日本(26%)。統計結果顯示，越是進步國家其高齡化現象越是普遍，但又因為臺灣的生育率偏低，人口老化的速度更令人憂心。

　　另一組數字，更易顯現其老年人的關懷倫理學的重要性，那就是老化指數（老年人口總數與15歲以下幼兒人口總數相比稱為老化指數）。以2014年底全球老化指數為30.77為例，臺灣則是85.70，而日本更高達200.00。為因應失能（包括老人、殘障等）人口成長所帶來長期照顧的需求，內政部推估，到民國120年全國所需的長期照顧費用約為1239億元。隨著老年人口的增長，人口老化已成為廣受關注的社會問題。以老年人為主體的老年關懷倫理學，在應用倫理學中更顯其重要性。

8.1 / 關懷倫理學運用概念

關懷倫理學是從女性道德意識的發展心理學研究中，所建立起來的一套著重關係的建立與維持的倫理學理論。它非常有力地挑戰了西方主流倫理學的正義論論述，而提供了一種不再只強調契約論的權利與義務之對等性的人際關係模式。主張由介於孤立與分離的個人之間（一般的他人）所建立起來的人際關係，若缺乏對於具體個人的同情與關懷的責任，那麼僅只遵循原則的權利義務關係，並不具有真正的道德意義。關懷倫理學因而不再只著重對規範普遍性的道德判斷工作，而更深入地要求培養對具體情境與特殊的個人具有道德知覺的能力。對於不對等的存有者之間的關懷責任的承擔，也使生命倫理學的議題討論有了新的道德義務性基礎。

關懷與被關懷是人類的基本需求，我們都需要被其他人所關懷，因為我們需要被**「理解」**、**「接受」**、**「尊重」**與**「知覺」**。德國存在主義學者海德格(Martin Heidegger, 1889-1976)描述「關懷」為人類生活中的基本「存有」(Being)，關懷是無可避免的，有覺知的人都會關懷，這是人類的標示之一。

關懷是建立在關係上，關懷關係(a caring relation)的基本形式是兩個人之間的連結或相遇，指的是一位關懷者與一位關懷的接受者之間的關係。關懷的關係是被關懷者明顯地依賴關懷者，以及關懷者也依賴被關懷者，所以關懷者在關懷的關係網絡中，不僅是自由的也是受約束的；諾丁認為，唯有將自己同時當作關懷者和被關懷者時，才是完整的自我形象。

下列以五項核心概念說明關懷的主要意涵，這些核心概念雖然無法完全涵蓋其關懷倫理學的全部內涵，但是確實是其最核心的概念。

8.1.1　以全神貫注、動機移置、全心接納為起點

關懷必涉及全神貫注(engrossment)、動機移置(motivation displacement)[1]。其為一種本諸真誠的態度，開放、毫無條件、未加選擇的全心接納，而非不情願的、敷衍了事的表面功夫，是將自己的事情先擺一邊，「自我移開」全心接納別人及其需求，關注他人及其需求，發現其需求實現的可能性，並負責任地回應其需求。因為關懷所以願意為其犧牲，為其爭取福祉。但是，關懷者的接納並不會導致放任(permissiveness)，亦不會放棄對其行為與成就的責任，反而因為接納，可以維持與提升人類（生活）實際基礎的關連性與接納能力。換言之，因為全神貫注、動機移置、全心接納，關懷者更可以協助被關懷者發展其關懷他人的能力。

小思考...

非設身處地為他人著想，
而是以自我為「他者」。
移情作用＝感同身受？

8.1.2　強調基於他人需求而行的行動

關懷不只是態度，它更須化成行動，完成任務，而且是設身處地，基於被關懷者的需求、福祉、利益而行。關懷是擁有一種能力，一種展現行動，以達成目的的能力；一種回應他人需求，追求被關懷者的福祉，並使被關懷者成為關懷實踐者的能力。所以我們定義關懷不是心理狀態或天生的特性，而是一組關係的實際，可以助長相互認肯和理解、成長、發展、保護、授權賦能，以及人的社區、文化與可能性。因此，關懷指涉一種實現(actuality)，是一種追求被關懷者的福祉，保護被關懷者，或促進其成長，而非成就自我。所以，關懷倫理學是最有意義的（關懷）關係，是助他人成長與自我實現的最佳關係。

為了真實回應，展現行動能力，關懷者必須暫時脫離其個人的參考架構(personal frame of reference)，而以他人處理事情的參考架構採

取行動，如此才能提高關懷的被接受性。因為每個個體都具有差異（天生的個別差異），而關懷又特別強調被關懷者的需求，因此，真實的關懷非常強調脈絡，且必然具有差異性。為展現此差異性，關懷不是依固定的法則而行動，而是依「情感與掛心而行」。而且因為情境、脈絡的持續變異性，關懷者必須因應被關懷者需求而改變，也必須對其不同時間的需求而改變。

> **小思考...**
> 參考個人差異，非固定法則。

8.1.3 重視關懷者與被關懷者相互性

關懷涉及關懷者與被關懷者，及其關懷關係的建立，因此單方向的關懷並非關懷。關懷關係的雙方對於關懷行動的完成均具有其貢獻意義，而且這種相互性較偏向被關懷者，因為從關懷者的角度而言，關懷依賴的不是關懷者對你做了什麼，而是我所做的（一切），及你如何接受或回應我所做的（一切），而且，任何關懷行動關係的品質不僅依賴於關懷者的技巧與感受性，同時亦依賴於被關懷者的感受性與回應。因此關懷必須考量情境脈絡、時機，以及被關懷者的知覺感受，所以關懷關係依賴於支持其關係的社會脈絡。被關懷者在關懷關係中扮演重要的角色，且角色可以與關懷者互換。

簡言之，我能夠（表現）多好，部分乃是基於你（他人）如何接受與回應我。同樣的，我們是怎樣的作為關懷者是由與我們互動的被關懷者所定義的。因此關懷關係的相互性比較傾向被關懷者（他者），以被關懷者接收、接受回應關懷的情況而定。

另外，只要機會許可，被關懷者亦可以展現關懷，形成「相互關懷」(mutual caring)。「成熟關係的特徵是相互性(mutuality)，只要機會允許，雙方均是關懷者與被關懷者」。值得注意的是，關懷的相互性並非必然是平等的、對稱的，但卻最好是穩定的。此外，關懷者必

先有包容性、開放性與付出。可見關懷相當重視其相互性，儘管此相互性不一定是對等的。

最後，關懷倫理學所主張的相互性，並非契約論者所主張的契約關係之相互性，亦非強調普遍化原則、正義取向之正式規則的概念，因為「被關懷者對關懷關係的付出，並非承諾於遵循關懷者的所作所為。而是為了維持在關懷的關係中，而表現道德的、能被接受的行為。」

> **小思考...**
>
> 非制定契約的或普遍法則，是發自內心的，互相關懷。具有平等、對稱、穩定感。

8.1.4 關懷的本質是一種關係的承諾

針對關懷，要特別強調本質上應將關懷視為一種關係(relation)，如將關懷單純的視為只是德行(virtue)，那將是一種錯誤的導向(misleading)。單從德行的角度解釋關懷，會讓關懷的意涵與應用受到限制。

關懷倫理學強調關係的主張，關懷的意涵包含了：協助、感情、關係、個人價值，與行動等五個主題，關係是其中一個關鍵。關懷倫理學與其他倫理學的根本差異就在於其強調關係的根本。是（人們）對關連性(relatedness)的體認與渴望形成我們的倫理基礎，而伴隨著實踐關懷成功的喜悅(joy)，提升我們對倫理理想的承諾，我們當樂於成為關懷者。從根本而言，關懷者對被關懷者的所作所為是嵌入於一種關係的承諾中，而此關係可以顯現關懷者全神貫注，動機移置，全心接納，以及展現一種能夠使被關懷者感受到溫暖，覺得舒服的態度。

我們再深入而言，關懷與關心的根本區分是正確的，而且，是有其必要的，因為關心可能會成為無法親自關懷的藉口，但關心可以是「正義的基礎」(the foundation of justice)，因為事實上任何人都不可

能親身「關懷」所有人，例如未直接與我們接觸的陌生人，或者遠方不認識的其他人。但是當我們擁有關心的態度時，會覺得必須為任何受難的人做些事。因此「關心」變成一種正義感(sense of justice)。就是這種正義感的關心，要求人們努力建立一些情境條件，以使關懷關係得以成長茁壯。整體而言，關懷本質上是一種雙向的關係，而德行觀點的關心是正義的基礎，在具有正義概念的社會下，人與人之間關懷的關係當然較容易滋育。

> 小思考...
>
> 全心接納，依他者需求。

8.1.5 關懷仍無法避免衝突

關懷並非沒有衝突，以下探討實踐關懷可能面對的問題與衝突。

首先，當許多被關懷者同時需要無法相容的需求時，我們的全神貫注、全心接納將被分割，而無法親自關懷所有同時需要關懷的人及其需求，衝突必然產生；其次，當被關懷者所需要的事物、自認為的福祉是我們認為對被關懷者不好的事物時，究竟如何回應其需求是有衝突的。當我們過度擔負關懷的責任時，形成「關懷與負擔(cares and burdens)」就容易產生衝突，並有停止關懷的危險。這些情境所產生的衝突，極容易伴隨著罪惡感或自責。

由於關懷在本質上是雙向的關係形式，而且重視被關懷者的需求，這種無法完成、無法建立關懷關係的衝突，對於關懷者而言，就可能容易產生罪惡感；一方面想要關懷，但卻有阻礙存在。這也突顯出實踐關懷的困難性。

總而言之，根據以上對關懷意涵的說明可以發現，關懷本質上是一種人與人的關係，在此關係中，個體全神貫注、動機移置、全心接納他人及其需求，並強調基於他人需求而行的行動，更重要的，在關懷的關係中，被關懷者必須接受到關懷，形成一種雙向的關係，其關係具有相互性，且最後關懷仍無法避免衝突。

　　關懷，無論是從其自然的層面，或是視為倫理之標準，是代表情境中的關係，此一關係至少涉及關懷者與被關懷者。對關懷者而言，所謂關懷的發生，至少關懷者必須對被關懷者加以關注，願意設身處地的思考其立場，給予可能的協助。也就是真誠的傾聽、感受、考量被關懷者的利益與需求而給予反應。當被關懷者知覺到了關懷者所投以的關注，並有了適當的反應後，二者即共同構成了關懷的情境。有時被關懷者拒斥了關懷者的關注，不一定是關懷者或被關懷者的錯，但關懷者與被關懷者並未處在關懷之境中，此二人所建構的情境可能出了問題，不管如何，此時並未建立關懷之關係，所謂關懷倫理的重點正是要雙方相互體察情境，尋求雙贏的策略。

　　被關懷者承認關懷者對關懷關係是必需的，為了建立關係，被關懷者不必是關懷者，然而被關懷者必須回應關懷者，這就是關懷的互惠形式。諾丁認為，關懷者的關懷意識著重在「感同身受」(feeling with)上，指的是一種接納的態度。諾丁稱感同身受為「全神貫注」(engrossment)，全神貫注不是「設身處地的為別人著想，而是我去接納別人如同接納我自己一樣，以及看別人所看的和感受別人所感受的」。「全神貫注」也不是一種「移情作用」(empathy)[2]，「全神貫注」是對於被關懷者之開放的、非選擇的接受，這是一種靈魂將自己的內容空出來，以接待他所注視的他者。關懷者無法透過全神貫注和動機的移置兩者得知要做什麼，只有在關懷者關懷時，才會透過全神貫注和動機的移置來表現出關懷者的意識狀態。

小思考...
如何調整作法，建立包容，互相關懷。

8.2 / 老年關懷倫理學的實踐

　　說明關懷倫理學應用概念之後，現在我們對關懷老年人生命醫學倫理學的應用與實踐部分進行討論。關懷倫理學雖是從關懷女性主義出發，但其所提出的核心概念相當值得重視，並得以運用於老年關懷倫理學中，其重點是：

(1) 重視親密關係，強調關懷、愛和同情心等德行。

(2) 不同於傳統倫理學重視道德原則、規則、法律式的道德推理。

　　關懷倫理學的特點是：

(1) 強調個體性的道德意義，關懷是把他人當成獨特、不可替代的個人。

(2) 重視特殊性，所以其結論不可普遍化；

(3) 關懷不只是正當行為的推動力量，也是一種特別的道德能力，它具有決定行為的道德適當性的認知面向。

　　我們將此核心概念應用於老人關懷倫理學，首要注重的就是老年人醫護照料倫理學上的特點，其關懷老人專業護理之特色為：

(1) 醫護照料任務繁重。

(2) 醫護照料難度大。

(3) 心理護理要求及規範高。

　　而其運用到關懷老年人醫療護理道德要求，須做到以下三項。

8.2.1 要理解、尊重老年人

老年人由於其自身生理特點，在關懷護理前，可能需要向老年病人耐心詳細解釋進行的方案及運作程式，如應調整合適角度的座椅位子，若護理照料時間較長可以讓老年人在治療過程中進行適當的休息；結束後詳細交代注意事項並進行鼓勵肯定，鑒於老年人容易健忘最好將其寫在紙上。對老年人提到的各種要求都要加以慎重考慮，合理要求儘量給予滿足。

案例：所謂「久病床前無孝子」，真實的案例曾在2013年中國大陸
四川發生！四川南江縣70多歲的老人羅某患有多種疾病，而
大兒子卻對老人不聞不問，讓沒有經濟來源的老倆口生活十分
困難。無奈之下，老人將不孝子告上法庭，要求大兒子履行贍
養義務，四川省南江縣人民法院依法處理了此次不贍養老人案
件。[3]

現代醫療體系已造成了「維護生命神聖」與「維持有品質的生命」之間的莫大衝突。依倫理「公平正義」與「不傷害」原則來看，維生設施對老年末期病患效益差，耗費資源又徒增臨死前痛苦；然而站在「利益他人」原則上，提供治療與救命目前仍被視為行醫必須追求的「善」，因此，除非明顯違背病患意願，在現行醫療體制下仍以「施救」為原則。由此，老年末期病患的意願應為末期醫療處置中最大的考量。

以美國為首的西方國家崇尚的「尊重病患自主」原則，就成為國內醫療界在倫理上奉行的第一要務。然而以目前醫療社會現況，能夠在神智清醒時假想自己臨終處境，表達或簽署末期醫療意願的病患卻是相當有限，大多數的拒絕急救都是在病患危急時由家屬代為簽署拒絕心肺復甦術同意書(DNR)。若家屬無法接受醫師「治療無效」的判斷，抱持一絲希望要求積極救治時，則大多沒有參照病患的意願。然

而，即使遵照的是病患的意願，所遵從的指示究竟反應的是「病患尚健康、理性時的價值判斷下，與其生死態度息息相關的意願？」抑或是「進入現代醫療模式中，在家人的不捨與自身臨死掙扎中的片段指示？」以臺灣中部地區文案調查資料顯示，大多數老人在健康時秉持的是道家「自然無為」態度，以「落葉歸根」、「四時運轉」來看待自己的末期生命。而且有一半以上老人主動表達出面臨死亡時並不對醫療抱有任何期待，只有三分之一說出期待醫療可以減輕痛苦，受訪老人中真正有「盡力救助、直到最後」念頭的不到四分之一。

為避免類似事件，應教育民眾，並在各種機會激發思考個人生死態度。學者專家更應思索：如何讓個人平日對死亡及死亡過程中的期待，在目前的醫療體系中彰顯出來。其一，是親自簽署拒絕急救；其二，是預立「醫療指定代理人」。重要的是打破忌談生死的禁忌，平日與親密的家人建立共識，讓他們能在長者生命危急時，幫忙做出不違背長者意志的最佳決定。

更深一層的期待是，一個理性與重視人文的社會，處理末期生命議題時，除了考量個人及家屬臨場意願外，也會重視多數老年人平日生死觀以及對末期生命的看法，據此所形成的社會共識才是真正尊重自主的表現，以達到關懷倫理的基本概念。當末期急救已不被視為常態，醫療各種利器不被用來行使死前「慣例式」的「儀式」，那麼這種急診室接收到一位安養中心送來的垂垂老者時，就不易發生「不假思索即埋首搶救，甚至立刻放上拖延生命又無法合法撤除的呼吸器」的類似處境。[4]

對生病的老年人要更加尊重，要關心他們的衣食住行，幫助他們治療疾病，減少痛苦，對不能治癒的慢性病、傳染病等要經常與他們交流，樹立他們生存的信心；與失去信心的老人交談時，要多理解、多安慰，要幫助他們在身體條件允許的情況下，進行一些床上或床下

的活動，減少長期不活動或少活動使大腦及全身血液迴圈減慢，導致精神衰退更快的情況。根據疾病專科護理人員表示，對老年人的尊重十分重要，對他們的稱呼要恰當，要有尊重之意。談話不要怕麻煩，要耐心細心，多談往事。他們的話語要認真聽，回答問題要慢一些，面對有耳疾的老人說話要大聲清晰。對其家屬要囑咐經常看望老人，解決老人對親人的思念和期盼。

8.2.2 要關心、幫助老年人

老年人生理機能不斷衰退，他們是一個脆弱的群體。由於年齡的增長，器官功能不斷減退，各種慢性病、傳染病都給他們帶來很多不便，使他們生活起居受到一定的限制，很多的老人感到悲觀、失望，特別是無價值感和孤獨感，他們對自己的未來信心不足。在心理方面的影響包含：

(1) 社會環境的變化對老年人的心理影響

包括社會環境和生存環境。由於在工業社會形式下，家庭人口簡化，致使子女無法承擔老人的起居生活，故老人的生存環境從家庭走向了社會。隨之社會養老相關機構不斷興起，老人的生存方式將發生巨大的變化，從家庭養老形式變成養老院形式，或獨居老人等。親人的分離，生活習慣的改變，離開了周圍的朋友，對新的環境生疏等等，都容易使老年人產生焦慮不安的感受，進而影響飲食和睡眠。自己要獨立面對疾病的折磨，有時甚至會面臨死亡的威脅，加上老年人適應能力衰退，重新安排晚年日常生活，執行嚴格的生活常規，常使得他們更加難以習慣。社會上存在著許多偏見，忽視老人的情感需要，有些人甚至會感到是一種阻礙。老年人的能力被否定，他們對社會還有用的願望被棄置，都可能引起老人的心理異常。

(2) 新生事物對老年人的心理影響

老年期大腦功能減退，記憶力變差，即接受新事物的能力下降，因此舊有的經驗與回憶在老年人的生活中較之過往占有更重要的地位，老年人依賴舊經驗而不善於接受新事物，有時會表現出保守、固執的態度，總是習慣於堅持自己年輕時的老辦法處理事情，對一些新事物難以接受，對社會環境的變化難以適應，甚至排斥，很難與外界溝通。

(3) 經濟收入對老年人心理的影響

老年人可分為有經濟來源和沒有經濟來源。經濟收入高的老人對自己的生活一般安排的比較充實，除一部分經濟收入用於生活，其餘部分能幫助他們參加一些社會活動（上老年大學、文化活動、社會活動）等，對醫療問題也較無後顧之憂。反之，對一些收入少或無收入的老人來說，心理往往承受極大的壓力，沒有收入成為老年人的心病，為了生存下去，有些老人要向晚輩討生活費，這些老人心裡感到自己無價值，生活不安定，時常回憶自己對子女的付出，而感到傷心失望，整日處於緊張狀態，對他們的生存有極大的威脅。

(4) 人際關係對老人的影響

老人的自身人格文化修養以及所處的環境不同，對他們的人際關係影響亦不同，一些自身修養好，文化素質較高的老人，對周圍的人際交往處理的很融洽，他們對自己不滿意的人、事、物都能用恰當的方法去處理或不予理會，能進行自我安慰；一些修為較差的老人處理問題時總是以自我為中心，與其他老人交往很困難，認為自己不被別人認同，這樣的老人在群體生活中很難適應，常常孤獨寂寞，無法擺脫痛苦，對周圍發生的人與事漠不關心，長期封閉自己，認為自己對社會沒有用。由於長期處於不良的心態中，可能導致抑鬱症、老年失智症等。因此，老年人的人際交往顯得很重要。[5]

總之，對有急躁、身體發生不適的病人要主動與之交流，並給予關心和說明。關懷者更應具備良好的內在素質，要不斷更新、擴大知識面，對多學科進行學習，才能更完整地完成老年人關懷照料。重視老人的情感需要，多理解他們。在生活中要尊重老人，對他們提出的問題有異義時，不能以粗暴的語言去對待，要耐心開導化解矛盾，以免在老人的心理留下陰影。

8.2.3 耐心、細緻對待老年人

老年人由於其身體各器官功能逐漸退化，故常在臨床醫療照料上表現出與其他人群不同的生理特點。以下我們對臨床上所遇到的各類老年人身心靈的特點做一說明。

(1) 記憶力智力退化型

在臨床醫療照料上，有較多的老年病人因年齡高引起記憶力和智力退化，表現出言語不清、反應遲鈍的狀況，對醫療操作不理解，導致不能與關懷者有較好的配合，使醫療護理時間延長影響醫療效果，終致產生糾紛。這類老年人在心理上是希望能得到較好的醫療服務。

(2) 性格固執、愛嘮叨型

性格固執、愛嘮叨、對關懷者不完全信任，對待醫療護理有自己的一套認識。在臨床上這種老年人並不少見。因為在醫療前往往已經與許多類似症狀的病人交談過，因此醫療護理過程中常常會堅持自己的醫療方式與流程要求，而不能與醫護人員建立良好的合作關係。這種情況多發生在老年女性患者和部分比較敏感的男性患者身上。

(3) 性格暴躁、我行我素型

許多老年人認為自己應該受到精心照顧，關懷者說話或操作過程中稍有懈怠或疏漏便會感到不滿而大發脾氣。有時僅僅因為複診時醫

療人員未及時進行醫療便大發雷霆，對醫護人員橫加指責。這類病人往往性格暴躁、我行我素、固執。

(4) 感情脆弱，意志比較薄弱型

一些老年人感情脆弱，意志比較薄弱。因循守舊，不易接受先進的醫療方案，同時還有很強的依賴心理，希望醫療照料時有親人陪在旁邊。這類老年人往往性格溫順、膽小、敏感，對待醫療方案沒有獨立見解，較容易與醫護人員配合。

(5) 頭腦清晰、反應靈敏型

老年人因免疫系統功能較弱，常常會伴隨許多全身性系統性疾病。因而在其醫療護理過程中會對修復操作本身畏懼、擔心會發生醫療意外或加重其原有疾病，而表現得憂心忡忡，所以在護理醫療照料過程應時時注意。當然也有部分老年病人頭腦清晰、反應靈敏，對醫護照料人員的囑咐能夠認真理解，並且能夠適當地交流，同時在操作中特別配合，這類老年人往往會取得較好的醫療效果。

總之，對老年患者的醫療護理照料的道德倫理要求應注意到：對醫護人員的素質的要求——直接與間接因素影響老年人醫療的最終效果。間接因素主要是老年人的心理因素，醫療護理人員的語言行為往往會影響老年人對醫療護理照料的信心。

最後我們要說的是，照料老年人之醫護從業者，首先，在外表形象上應該加以注意，只有衣著整齊、語言表達清楚、行為規範合宜，態度恭謙有禮，老年人才能樹立對關懷者照料的信心。其次，強調微笑服務，當老年人看到主動熱情的微笑、和顏悅色的表情，會解除初到這個環境而產生的陌生感，從而減輕痛苦和焦慮，更好地配合診療。此外分診過程中應該注意觀察候診老年人情況。

　　另外，要鼓勵老人參加一些社會活動，使老年人在群體活動中瞭解自己，認同自己是一個對社會有用的人，增加一些對新事物的瞭解機會，理解周圍的人和事，這樣能使老人能夠適應新的環境，更重要的是使老年人樹立一種信念，即能對社會有所貢獻，社會沒有拋棄他們。在飲食上合理搭配，注重營養，並根據他們的口味進行調整飲食，更要尊重民族習慣，在環境上要為老人創造一個安靜舒適的居住環境，盡可能使老人的生活安定有規律。

　　老年人的心理健康與其生存環境和社會環境密切相關。為了保障老年人生理和心理健康，要從家庭的小環境和社會的大環境做起，經常分析老年人在這些環境中的心理問題，用科學的方法去解決這些心理問題，用心地護理那些心理有障礙的老人，才能達到老年人的心理健康。因此，關懷老年人倫理學在專業從事人員的學習與應用，在現代社會中更顯重要。

8.3 ／ 臨終關懷倫理

　　在以基督教宗教信仰為主的西方國家，他們相信人死後可以上天堂或下地獄；在古代中國，很多人相信死亡輪迴學說。過去人們有一個共同的特徵，就是人死後生命還繼續存在，只有形式不同，在現在社會許多人不瞭解生命的意義，也不知道死亡的意義，死亡變得越來越困難，只有那些關心死亡，瞭解死亡的人，才會有計畫地安排自己的生命，才能知道如何使年長者及家庭得到好的照顧，令其有尊嚴地走完人生旅程。廣大醫護專業從事人員開始考慮能否找到好的方式，為病重的老年病人提供更好的服務，控制疼痛，使臨終病人能更舒適一些，以解除他們身體和精神上的痛苦，這就是醫學領域中的臨終關懷的目的。

　　然臨終年老患者，其引起死亡的主要疾病是惡性腫瘤、心臟病、腦血管疾病等，這些疾病的發展過程往往相對緩慢，導致大多數病人在疾病與死亡之間掙扎。在這種情況下老年病人的臨終關懷顯得尤為重要，如何使眾多的老年病人得到真正意義上的臨終關懷，這個問題非常值得探討。

8.3.1　老年病人臨終關懷中的倫理學問題

　　病重的老年病人往往涉及多重器官衰竭，病情複雜，併發症多，是積極創傷性的治療？還是轉為緩和的治療與監護？是投入大量人力物力搶救？還是姑息延長生命？這些問題直接影響著臨終關懷的品質。以下我們先從各國在臨床實踐中所遇到的倫理學問題及處理原則進行探究。

A.　英國老年人臨終關懷經驗

　　英國是全球最先提出臨終關懷理念，並將它作為一種事業去興辦和實踐的國家，也是最早提出老年人的臨終關懷倫理學和最早實踐的國家。以下我們提出來檢視相關倫理學問題。

(1)　吞嚥困難問題

　　罹患終末階段的失智和其他慢性神經疾病的患者，可能產生吞嚥困難，這會使其易於感染吸入性肺炎。在失智的晚期階段，患者常拒絕進食，閉上他的嘴巴或含住食物不肯下嚥等現象。如要進行餵食，可能成為患者和關懷者之間的矛盾，關懷者會覺得患者是故意裝作吞嚥困難或是故意進行刁難。關懷者需要瞭解這些行為是因失智或神經性疾病所導致。在進行餵食時，要改變飲食結構為調成濃稠的液體的飲食，保證安全的吞嚥，或提高食物的口味增加進食過程的享受感，並要以直立位、頭向前、用小湯匙餵食年老患者；在家屬方面，他們會認為，所愛的人如果沒有人工營養和補充液將遭受饑餓，關懷者應

與家庭成員進行溝通交流，說明並使其理解，喪失食欲是臨終過程的一個必然的部分；在不必要的情況下，進行人工營養和水化進食，只能無謂地延長年老患者的生命，這只會徒增家庭經濟負擔，對年老患者而說，終不能避免其死亡的結局。

(2) 年老病患的焦慮感問題

作為年老病患，他們常可能產生相當的焦慮：

其一，擔心死亡過程，這些患者相信疾病和死亡過程是不可避免且充滿痛苦和困難的經歷。

其二，對即將離去的未成年的親屬或家庭的擔心，尤其是如果在家庭內有未解決的衝突或問題時。

其三，對經濟或住房等問題的擔心。

關懷者對於年老病患的焦慮感，常可藉由開誠布公的討論而獲得抒解，但對所擔心的特殊問題則不予以碰觸，這對於年老患者是有所幫助，常以「不要著急」、「慢慢來」這樣的建議口吻，來安定其情緒，而不要以善意的欺騙方式試圖降低焦慮的程度，因為被關懷者需要一個他們能做什麼的答案，來考慮其擔心的計畫。

B.　歐洲和美國老年人臨終關懷

作為英國之後隨即興起臨終關懷事業的西歐、北歐和美國，在對老年人臨終關懷的倫理問題上也進行了長時間和大樣本的臨床觀察與研究，以下我們提出來檢視相關倫理學問題。

(1) 老年患者不能得到最佳治療

在歐洲和美國60%以上腫瘤發生在65歲以上的老年人身上，這一患者群在制定治療方針時需要特殊留心。有報告顯示大約只有22%老年腫瘤患者進入二期臨床研究，大家一致認為老年人不能忍受各種腫

瘤治療。然而，臨床實驗是評估輔助治療和姑息腫瘤治療時，具安全性和有效性的最基本的方法，特別針對老年腫瘤患者的實驗，需要準確評估這一脆弱人群治療的風險和益處，因此導致臨床實驗資料的缺乏和與此相關的對老年患者以證據為基礎的指導原則的缺乏，使患者不能接受最佳治療。

(2) 老年患者及其家屬的治療選擇

由於美國醫療體系健全化，使其重病危的老年病人得以存活，故需求大量的重症監護病房以進行治療。儘管所有的衛生保健服務提供者都不希望老年患者冗長無味和失控的死亡，但很多老年人卻選擇並獲得「強化照顧單元」(ICU)的關懷照料[6]。這是一個難以解決的倫理問題。

(3) 預測患者的壽命

在老年人臨終關懷的臨床實踐中常會遇到的另一個問題，是預測某一個個體患者的壽命。當醫生被迫準確預測患者的預後作為確定的治療策略的基礎時，這一領域的困難可能就成為倫理困境。具有臨終腫瘤關懷需求的患者生命期限的估計需要經驗和培訓，預後應以已證明的指標為基礎，不應依賴於直覺。高度複雜化的以電腦為基礎的評分模型的應用常會導致錯誤，具有較大的風險性，在臨床應用上受到限制。獨立的臨終關懷是人工的，常常和被關懷者的需求相對照。我們所需要的是一個由被關懷者需求，而非由壽命預測所定義下的不可治癒被關懷者提供支援的網路。

(4) 老年失智患者所面臨的問題

失智患者的死亡引起了很多倫理方面的問題，在臨終時很難知道失智患者的意識狀態，陪伴這些患者或無法與他們用語言交流，確實是非常困難的。在這個生命的微妙階段，關懷者須對家庭成員和關懷

照料給予者所遭受的痛苦予以足夠的重視，這需要提高關懷者與被關懷者的交流技巧，以及家庭成員之間的溝通。

8.3.2　臨終關懷模式

臨終是生命的重要組成部分，是一種特殊類型的生活，也是任何人都逃避不了的現實。臨終護理學是一門以臨終患者的生理和心理特徵及相關的社會、倫理等問題作為研究物件，將醫護的專業化及科學化知識互相結合的新興交叉學科。

老年被關懷者的臨終護理，不僅停留在醫學層面上，而應涉及醫學、心理學、社會學、護理學、倫理學等學科，它涵蓋了所有的生理、心理、社會、精神的需要護理。這就要求我們在護理模式上由過去的單純生物模式轉變為現代的生物－心理－社會模式，由過去單純的診斷、治療、護理觀點轉向從生理學角度去關心被關懷者，減輕被關懷者精神和身體上的痛苦，使其在有限的日子裡過得舒適、有意義，從心理學角度緩解、消除被關懷者對死亡的恐懼和不安，使其從容地面對死亡；從社會學角度指導被關懷者理解自己生命彌留之際生存的意義；從生命倫理學角度使被關懷者認識到生命的價值，體會到在瀕死之際受到了社會和親人的關注。

對於人來說，死亡是不可避免的。一般認為，老年被關懷者在經過積極治療後仍無生存希望，直到生命結束之前，這段時間稱為「臨終」。臨終老年被關懷者一般經過否認期、憤怒期、協議期、抑鬱期、接受期，難免會產生對生的渴望和死的恐懼，亦難免會產生巨大的悲傷和痛苦，為了讓其樂觀地面對，作為關懷者應做到以下幾點：

(1)　提供舒適環境

臨終老年被關懷者應安排單人房間，室內要清潔、安靜、光線充足、溫濕度適中、空氣新鮮、避免噪音。房間的佈置應該符合老年被

關懷者的心理特點和需要，同時，對老年被關懷者的私人物品不要做過多的限制，其目的是讓老年被關懷者安靜舒適的休息，最大限度地為老年被關懷者創造良好的休養、治療環境，讓老年被關懷者在舒適的環境中度過最後時光。

(2)　做好基礎護理

　　除完成常規的基礎護理內容外，還要做好勤翻身、多拍背，幫助老年被關懷者做力所能及的活動，以預防褥瘡、肺炎及其他併發症的發生。密切配合醫療，及時準確地完成各種治療和護理任務，如輸液、吸痰、吸氧和採集各種化驗標本等，不隨意終止各種維持生命的措施。根據被關懷者食欲下降的特點，關懷者應和家屬以及營養師共同制定老年被關懷者的飲食，以保證被關懷者營養的供給量，老年被關懷者因胃腸功能減弱，表現有吞嚥困難、口舌乾燥或口腔裡有痰液蓄積而無力咳出者，應及時清除並加強口腔護理，意識清楚的被關懷者應讓其漱口，有假齒的應取下。對於便祕者，可用雙手在被關懷者腹部依結腸的走向做環節按摩，也可使用緩瀉劑或開塞露，必要時應戴手套挖出排泄物，保持患者排便通暢。

(3)　實施心理疏導

　　臨終老年被關懷者的心理極為敏感、複雜，心理護理是臨終老年被關懷者護理的重點。關懷者要及時瞭解老年被關懷者真實的想法，隨時掌握老年被關懷者的心理變化情況，根據各自不同的職業、心理反應、社會文化背景，有針對性地進行精神安慰和心理疏導，幫助老年被關懷者正確認識和對待生命和疾病，從對死亡的恐懼與不安中解脫出來，以平靜的心情面對即將到來的死亡，較舒適地度過臨終過程的各個階段。

　　如對處於「否認期」老年被關懷者，要認真傾聽談話，經常出現在被關懷者的身邊，讓他感到人們的關懷；對處於「憤怒期」的老年

被關懷者，要諒解、寬容、安撫、疏導；對處於「協議期」的老年被關懷者，應盡可能地滿足被關懷者的需要，即使難以實現，也要做出積極努力的姿態；對處於「憂鬱期」的老年被關懷者，應允許其訴說他的哀情，鼓勵與支持老年被關懷者增加和疾病作鬥爭的信心和勇氣；對處於「接受期」的老年被關懷者，應尊重被關懷者的信仰，延長護理時間，讓老年被關懷者在平和、安逸的心境中走完人生之旅。

(4) 切實做好臨終老年患者家屬的思想工作

家屬是老年被關懷者的親人，也是老年被關懷者的精神支柱。家屬的精神痛苦會影響老年被關懷者的情緒變化，使老年被關懷者症狀加重，因此要做好老年被關懷者家屬的工作，促進家屬的心理適應。要理解老年被關懷者家屬的心理活動，幫助他們從痛苦中解脫出來，使他們積極配合臨終老年被關懷者的護理工作。要動員家屬與社會成員多探視老年被關懷者，促進家屬與老年被關懷者之間的溝通及瞭解，消除以往的積怨及減輕過分的自咎與哀傷，使他們在這珍貴及有限的時光中，能彼此支持，互相諒解，讓老年被關懷者生活在溫暖和希望中。

(5) 建立良好的關懷者與被關懷者的關係

融洽的關懷者與被關懷者的關係，有助於減輕老年關懷者的心理壓力和痛苦。關懷者應站在老年被關懷者的角度，體察他們的需要，並運用敏銳的洞察力，適當地將被關懷者內心的情感反應出來，使他感受到被瞭解及接納。要根據老年被關懷者的需要能隨時給予幫助，讓老年被關懷者感受到被關心和愛護，從而建立融洽的關懷者與被關懷者關係，使老年被關懷者的心境處於治療的最佳的狀態，愉快地走完生命的最後階段。

臨終老年被關懷者生命結束以前仍享有與其他人的同等權利，正因為他即將告別人生，許多要求對他來說僅僅是最後一次。所以要尊

重臨終老年被關懷者的權利，使老年被關懷者感覺到自己仍然在被人們所關注，幫助其建立新的心理平衡而安然離開人間。

(6) 提高關懷者綜合素質

臨終關懷護理需要運用醫學、護理學、社會學、心理學等多學科理論與實踐知識。因此，護理人員要堅持學習，不斷提高自己的綜合素質。要具有一定的專業理論水準和操作技能，並掌握多學科的知識；要具有解除臨終老年被關懷者，及其家屬軀體和精神心理痛苦的能力；要具有良好的溝通技巧，能夠與被關懷者及其家屬建立良好的關係；要接受死亡教育，對死亡和瀕死的回避和恐懼程度較低，才能夠與被關懷者及其家屬坦然地討論生命和死亡的意義。通過提高關懷者素質，從根本上提高臨終護理的品質。

總之，做好臨終老年被關懷者的關懷護理，是一個值得探討的重要課題。只有醫生、護士、護理看護從業者、家屬和社會各方面共同配合和支持，才能真正使每一位老年被關懷者都能在生命的最後一站安靜、舒適而又有尊嚴地渡過。

我國老年被關懷者臨終關懷的倫理困境及可能採取的措施，相較於世界先進國家起步較晚，但無論從民俗人文方面，還是醫療護理領域而言，對老年被關懷者的臨終關懷理念一直是醫護人員必須面對的問題。相關議題分析如下：

(1) 維繫生命的選擇

終末期老年被關懷者是否有必要以人工方式維繫生命，在我國傳統觀念是如果不給予終末期老年被關懷者足夠的救治，子女就會被認為「不孝」。然而，事實證明，對於這個問題要具體情況具體對待。如果沒有機會讓臨終者痊癒，而花費大筆金錢只為了讓被關懷者活著，那就沒有任何意義。

臨終老年被關懷者的親人應重點考慮他們所愛的人在生命的最後幾天或幾小時的生活品質，這比起只是讓他活著更為重要。在臨終老年被關懷者的生命最後階段，可能採取的臨終關懷干預手段，給予足夠的鎮痛治療，針對不同的症狀進行對症治療，與被關懷者交流使其解除精神和心理上的痛苦等。通過這些方法可以在很大程度上讓被關懷者平靜而舒適地面對死亡。

(2) 允許死亡的發生

在臨終關懷臨床實踐中，被關懷者的意願常常得不到尊重。有些被關懷者不希望用維繫生命系統或復甦急救措施，也有些被關懷者希望在死亡來臨時，能有一段時間不被干擾。然而事實卻是即使他們說出其願望，也不一定會受到尊重；而醫生又常常是順從家人，並非遵從臨終被關懷者的願望。正確的做法應該是：醫務人員盡可能地尊重臨終被關懷者的意願，並將他的願望寫在醫療文件上，記錄他要與親屬討論的臨終問題，請家人或朋友盡可能的在臨終前安慰他，使他周圍的氣氛安靜、安詳，使其舒適而有尊嚴地離開人世。

在已經預測到被關懷者沒有救治價值的情況下，應與被關懷者及其家屬進行坦誠的交流協商，使其盡可能配合醫務人員的工作，既不要進行無謂的救治以延長死亡，當然也不要加速被關懷者的死亡，這才是臨終關懷臨床實踐者應遵循的原則。

(3) 選擇死亡的權利

近年來，處於臨終狀態被關懷者的「安樂死」問題引起了廣泛的關注和爭論。有些人認為，病危重期的被關懷者，特別是極端痛苦的病人，即使他們知道其生命可以再延長一些也會選擇死亡，選擇死亡可以減輕家人精神和經濟上的壓力，減輕自己的愧疚感，醫務人員應為其提供足夠的幫助；相反的觀點認為，依據人道主義精神，醫務人員應盡可能幫助病危被關懷者處理他們面對的衰竭、痛苦和恐懼，並

提供愛的支援來使生命的結束變得有意義,而不應該採取幫助被關懷者結束生命的方式。

　　總之,探討病危重期之老年被關懷者所涉及的倫理學問題,其方法要結合現代社會中老年人疾病的特點,進行分析、歸納、總結。對於病危重期的老年被關懷者,除了要準確的診斷和有效的治療外,高品質的關懷是最為重要的,從倫理和實際情況綜合考慮,治得好的被關懷者積極醫治,沒有希望治好的被關懷者,則從積極的創傷性的治療轉為平和的看護和關懷。

 ## 8.4 / 結 語

　　關懷是人類心靈情操中最美好、善良的特質,是孔子所說「己利而利人,己達而達人」的體現,更是佛家的「利他」思想與基督教「博愛」精神的精髓。由人的內在關懷情意所產生的道德理想和道德承諾三者間的互動,便形成生命倫理的內在動力學,由之而引發的對自我、社會、自然及宇宙萬物的關懷,便是生命倫理的實踐。

　　諾丁認為關懷倫理學是一種啟發道德行動的情意動力,所有道德認知的學習,均需要情意的發動力量,因此可稱為「道德的內在動力學」(Noddings, 1984)。關懷的應然面(I should),經由關懷的承諾及實踐行動(I am here)而加以落實,並從而產生「為別人好」的感同身受移情能力,及「為自己好」的自我理想的認同與期許。因此,關懷的理想與行動得以持續,進而發展出當別人有關懷需求時,能升起義無反顧、捨我其誰的情感與關懷能力。

　　關懷的外在關係存在於人類、社會、文化及生態網絡中,從施(關懷者)與受(被關懷者)的互動中,關懷所產生的喜悅包括幫助

他人的成長和自我實現兩個面向，在此一關係歷程中，不僅發展出情誼、信任、關連與認同的歸屬感和一體感，同時，由於關懷能力的發展，使我們學會關懷自己、關懷別人、關懷藝術、動物和環境等。而由人類內心發動的關懷情意與潛能，便逐漸擴大關懷的關係網絡以及於宇宙間的萬事萬物。

在關懷的實踐中，由關懷的內外在歷程探討可以發現，關懷是一種由內而外，由情意的引動到實踐行動完成的歷程，諾丁認為關懷的完成需包含以下四個步驟(Tronto, 1993: 105-7)：

(1) 關心(care about)

注意到有人有需求，並應滿足其需求。

(2) 照顧(take care of)

產生滿足此人需求的責任感，並決定行動。

(3) 付出關懷(care-giving)

直接採取滿足人類需求的付出行動。

(4) 接受關懷(care-receiving)

被關懷者的需求是否被滿足的相關回應。

因此，關懷的實踐除了關懷行動者的情意、主動性、助人行為外，還需要配合被關懷者的接納，才能完成。老年人是社會中的弱勢族群，不論在生理、心理及社會層面均極需關懷、協助、扶持與肯定。

對老年人的關懷包括：

(1) 退休後經濟生活的關懷

舉凡保險理財等相關事宜的處理，均能確保老年生活不虞匱乏。

(2) 健康生活品質的關懷

　　如衰老、失智等之療養、居家看護、在宅服務和餐飲服務等。老年生活品質的關懷，宜在老人休閒中心、長青學苑、老人俱樂部、仁愛之家所舉辦的活動及內涵上，充實老年人的生活品質。

(3) 老人人力資源的關懷

　　可善用老人的經驗與學識，協助老人再就業與參與志願服務工作。

(4) 老年精神生活的關懷

　　協助老人信仰宗教，參與文康活動與心靈活動，以建立和諧的精神生活。

　　整體而言即是：

(1) 老年關懷倫理學是關懷應用倫理學中的終極關懷。

(2) 老年關懷體現了生命倫理學的神聖性和價值性的統一。

(3) 老年關懷倫理學表明了人類文明的進步。

(4) 老年關懷倫理學的臨終關懷之應用體現臻至「善」的目標。

個案研討試一試　APPLIED ETHICS OF PROFESSIONAL SERVICE

- 長壽老人安養機構有超收床位、調漲收費、工作人員不足、機構間不當仲介、擅自向老人收取終身養護費等情形。如過年期間，要求多收加菜金等。
- 種種問題，讓老人們常常不安，並危害老人權利。

討論

- 社會家庭的結構下，我們應如何處理老年問題（包含臨終關懷）？
- 安養機構（醫護單位）應該要具備什麼樣的倫理觀？
- 老人受虐的問題如何解決？

名詞解釋

1. 關懷

2. 關懷關係

3. 相互關懷

4. 關懷者

5. 被關懷者

6. 關心

7. 感同身受

8. 全神貫注

9. 動機移置

10. 全心接納

11. 臨終關懷

問題討論

1. 請說明老年關懷倫理學的重要性為何？

2. 請論述關懷倫理學應用概念為何？

3. 請論述老年關懷倫理學的實踐為何？

4. 請論述臨終關懷倫理為何？

📍 本章註釋

1 Noddings強調對關懷者要有「動機移置」與「全神貫注」去關懷他人的需求。也就是將動機移置到需被關懷者身上，之後全神關注於他的需求是什麼。

2 移情作用就是將自己的人格特質投射到所專注的對象上，並且是完全瞭解對方的一股力量，這種說法正是西方男性運用理性對於感同身受的解釋(Noddings, 1984: 30)

3 摘錄於：http://www.laoren.com/law/2013/230552.shtml（2013.08.21 中國法院網）「久病床前無孝子－法院依法強制執行不贍養老人案件」

4 節錄於：「正視老人對生命的態度」（辛幸珍為中國醫藥大學生命倫理學副教授、許正園為臺中榮總胸腔內科主任兼醫學倫理與法律中心主任）http://tw.myblog.yahoo.com/liu21214/article?mid=1352&prev=1353&next=1351

5 參閱：首席醫學網：「老年人的心理健康與護理」（吉林市中心醫院：徐征），2008.4.4 http://journal.shouxi.net/html/qikan/yykxzh/zgsqys/20083105/lchl/20080831051919684_337623.html

6 An intensive care unit (ICU), critical care unit (CCU), intensive therapy unit or intensive treatment unit (ITU) is a specialized department used in many countries' hospitals that provides intensive care medicine. Many hospitals also have designated intensive care areas for certain specialities of medicine, as dictated by the needs and available resources of each hospital. The naming is not rigidly standardized.

MEMO

APPLIED ETHICS OF PROFESSIONAL SERVICE

09
CHAPTER

" "

APPLIED ETHICS OF
PROFESSIONAL SERVICE

幼兒保育關懷
倫理學

我國過去的師生互動教育中一直被形式化的強調，例如：要求教師要多關心學生，學生則被要求看到師長要先做出「打招呼」、「鞠躬」等動作。但是，對每一個被要求此動作的學生而言，並不是每一個老師都曾關懷過他，若要「先打招呼」、「鞠躬」便顯得不自在且形式化。近年來，由於西方教育觀念的大量導入，我國社會對教師角色的扮演、師生的權責對等關係，逐漸修正過去「尊／卑」的文化觀點，加上「專業主義」與對促進「教師專業」目標的激勵，形成社會及教育團體在教師倫理觀上，開始嘗試擺脫傳統「聖職教師」的無上地位，而能以更切合世界潮流的「專業教師」的角度，來探討「教師專業倫理」的意涵，以期待內化教師的職業倫理與行為。

　　關懷倫理學的觀點，正可適時的提供幼兒保育關懷倫理在學理上的需求。首先由美國學者吉利根提出。諾丁曾批評傳統的倫理學過於強調理性，而貶低感情、個人生活的價值等剝奪人性的論點。因此「關懷的倫理學」是從傳統女性為主的育兒、護理、教學、持家等經驗中產生，被稱為「來自母親的表達」(a voice of mother)，從「關係」的研究開始，自理性中加入感情的層面，探討人與人是如何相遇、對待。若將之置入教師之角色扮演，教師便是一種關懷者，學生則是被關懷者。教師必須接近學生、關懷學生，學生才較願意接受教師之教導；但學生亦需給教師反應、回饋，讓教師有支持的動力，否則教師將可能會產生力竭的反應。

　　倫理行為一般被強調應有義務論「自律」的精神，終極目的仍以追求整體社群的「幸福」為依歸，如此置於社會範疇下的個人方可能實現個人幸福，而關懷觀點則強調人我關係中的感情回饋機制，對於倫理行為的品質與延續性將有所助益。

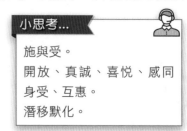

小思考…

施與受。
開放、真誠、喜悅、感同身受、互惠。
潛移默化。

9.1 / 關懷倫理的教育重點

　　諾丁強調在教導倫理道德時，教師不能單用「說」的，還必須以身作則。諾丁認為：教師把自己視為一個模範，作為學生所模仿的對象，教師必須時時省察自己，否則就容易與學生產生對立，而認為自我是高高在上者。在此，以身作則的意思並不是要教師做一個道德無瑕疵的人，而是要作為一個關懷者，成為一個楷模，只有在關懷的情境中，學生才能學習關懷他人。教師在道德教育中不是一個告知者，絕不能只是提供書本上的知識，而是要教師本身與學生的關係，就是關懷者(one-caring)與被關懷者(cared for)的關係。

　　作為關懷者的教師，有兩個主要的任務：

(1) 瞭解學生的世界。

(2) 協助學生在能力上的培養。

小思考...

角色道德的內涵為何？

　　例如，老師發現學生作弊，老師不同於遵守規則的作法，而是採用關懷的作法，老師對學生說：「我知道你想要考好」或者是「我知道你想要幫助你的朋友」等等；老師試著運用好的理由來解釋學生的動機，以及解釋老師為什麼不贊成作弊，來代替學生因違反規則而需要接受處罰的作法(Noddings, 1984: 178)。所以，關懷倫理蘊涵著深厚的和諧意蘊，它以建構和諧的人際關係為核心理念，尋求人類美好生活為指歸。教師協助學生培育關懷德性，將是構建和諧社會的重要倫理路徑。

　　諾丁培育關懷倫理理念的三個主要方法分述如下：

9.1.1 對話(dialogue)

對話是關懷倫理模式中最根本的部分，是有關於對談與傾聽，以及彼此的分享與回應。老師必須學習傾聽學生的需要，就如同平常的講課一樣，對話的目的是為了澄清觀念、雙方面彼此的接觸以及關懷，在課堂上老師需要與學生一同對話(Noddings, 1984: 186)[1]。其實對話之概念也是西方哲學傳統中很重要的精神，在關懷模式的對話中，重點不在於論題的爭辯，而是要視為一種人際的推理，不在於邏輯技巧的推演，達到真理越辯越明的效果，而是在對話的過程中關注每一位參與者。

諾丁指出，傳統的對話總是依循「戰爭模式」(war model)，對話的課題總是形成正反論辯，論辯的內容成為對話的核心，而忽略了對話的參與者。作為一位關懷者（教師），在對話的過程中，她（他）可以關注學生，傾聽學生之立場，理解學生的需求，接納學生的感受；整個的對話甚至於是一種「非道德式的交談」，使學生毫無壓力的檢視其生活，並接受教師的鼓勵去探討人生重大問題。所以，對學生而言，在對話的過程中，他並沒有被要求接受一套價值，也不需要去捍衛自己的論點（這在傳統道德教育或學術討論非常受到重視），但他卻可在對話的過程中，接受到許多的觀點、資訊、態度，以表現出合宜的反應者（被關懷者）角色。

雖然會有人批評關懷式的對話是否可以不論是非。諾丁認為，責任為道德教育的重點，目的是要培養一位具有關懷倫理修養的人，不是培養一位理性的推理高手。雖然在關懷的對話中，重心不在於爭論是非，但是整個對話的情境卻會使每一位參與者更體察關懷自己與他人的重要，這樣的體認在道德實踐上的效力，會勝過從論辯中爭論最後的是非。

在西方主流的價值中，「尊重他人」(respect for others)是重要的程式性道德。在對話中即假定每個人有對等的發言權，尊重他人被視為一種規則，強調對話應當是在關懷情境中對話，人們會更加容易去尊重他人。換言之，對話的重點應從是非的澄清，轉移到參與者之間的相互瞭解，從對話中，我們瞭解別人的想法與需求，並可藉此再檢測自己的行為。

9.1.2 實踐(practice)

幾乎沒有道德學者會反對實踐在道德上的重要性。關懷不僅是一種態度，更是一種助人的行為動力。似乎在大多數的文化中，女性都較具有關懷之能力，諾丁強調關懷倫理雖是從女性的特性中發展而來，卻是兩性共同必備的德性。

首先，在工作的分配上不能存在性別差異，男生也應該接觸家事、帶小孩等活動，從這些活動的實作經驗中，可以發展成關懷的德性，也不致造成男性日後偏頗的沙文主義。「社區服務」(community service)的倡導，讓學生從服務中學會去關懷他人。另外，「合作學習」(cooperative learning)也值得提倡。不過，諾丁指出，不管社區服務或是合作學習，學生要學的是一種關懷者與被關懷者角色的體會，這才是這些活動的重點。否則學生被迫從事社區服務，或是被動的視為一種義務，都不會發展成關懷社會的胸懷。合作學習對許多教育心理學家而言，只著重在與競爭相較，檢視何者有助於學習成效，關懷倫理的合作學習模式則把焦點置於助人之上，去體會、去分享、去支持他人，讓學生之間相互學習關懷者與被關懷者的關係，而不僅只著重在學業成就的提升。

9.1.3 確信(confirmation)

「確信」是指在關懷模式中，關懷者肯定並激勵被關懷者的表現。在師生關係中，「師－生」與「關懷－被關懷」二者有其明顯的差異，老師固然可視為一位關懷者，但他同時握有評量學生之權力，這會破壞了關懷的關係。諾丁所提出之「確信」理念，正是想處理師生之間可能因評鑑而產生的衝突。教學是一種關懷的關係，其重點就是關懷能力的培養。從關懷的關係中，師生之間相互體察對方的需求，從而給予鼓勵與確信，才是教育目標之所在，而不是知識的習得與評量。諾丁認為評量應由教師之外的人士或機構來實施，如此教師與學生的目標一致，共同致力於目標之達成。

 ## 9.2 / 教師關懷者的理念

關懷倫理學首重情感的接受與回應，因此在教育上對於師生之間「關係」的覺知與經營，是對教師專業的必需要求。這對老師的要求是不分性別的，而且不論男女學生都會在老師身上學到關懷的榜樣。面對學生的成長需求，教師就是關懷者，因此整個師資培育和教學實習的過程，都要根據學生的需求，去加強教師們的專業敏感度和權變能力(Noddings, 1984, 1986)。

9.2.1 教師在教育中突顯對人的關懷

關懷倫理學要突顯的是：「**去感受人性中情意的真實力量和價值。**」它也要我們認清：「**普遍抽象的道德原則，只有溯源至人性的根源——那可以體之於心，卻又脆弱而需要時時護持的道德情意感受，才是普遍的。**」因此，道德教育的目標是要在脆弱的人性中，在情意基礎上去培養以關懷為核心的道德理想。於是教師的教育專業要

求是更為嚴格的，並非只是軟心腸。首先，諾丁主張在教育上，應該走向「去除專業化的教育」(de-professionalizing education)(Noddings, 1984: 197)，但這不是一般人所想像的降低師資品質，或使教師失去專業自信與專業的區隔。而是要去除專業知識的分類方式，不由學科專業來宰制學生學習的內容和價值。

在教育中突顯對人的關懷。教師除了對教材、教法要非常精通熟悉，更要對學生能有敏銳的觀察和細膩的感受，針對學生的需求運用於教材和教法，而不是將教學任務的核心放在展現知識上，所以教育應是一種不顯知識專業化的專業。教育專業的對象是人，客觀的教材內容是教學中拿來靈活運用的一部分。教育的成果，不是內容的記憶程度，而是人實踐態度的改變。而學生對教材的認知，必須包含在態度的學習中，這才是真正有教育意涵的教學。這種去除專業化教育的思維，諾丁認為至少有兩種好處：

(1) 讓所有關心教育的人，更願意來參與教育

這並沒有使得老師的責任變得輕鬆，因為教師必須與時俱進，懂得如何隨時掌握並適當地運用社會資源和力量。

(2) 迫使學校的組織一定要跟著改變

環繞著教學需求的師資培育、教學實習、學校行政、組織等各方面的配套措施，都必須跟著在觀念和作法上有所改變。

9.2.2 教師要培養學生具有關懷理想

關懷倫理學因為要求積極地開放與接納，並尋求在學習中有理想的自由建構，因此會期望儘量在各式各樣的欲望、理想、傾向等發展中，加入人性的關懷。也就是說在教育上，不是只重視發展關懷之德或關懷關係，使其他發展成為次要，而是要充實並開發所有人性的潛能發展，讓人性的關懷伴隨其中。因此，關懷理想不是刻板教條的灌

輸，也不是道德原則的符應，而是依自己的能力現況和社會關係中的需求所提出的理想，故其是自由的，也是照顧現實的。道德理想正是從現實出發，出於自由意志的承諾，而產生的自我形象的追求。教師是教育工作中的關懷者，並不是要去為學生設定理想的行為和未來，而是要去幫助未成熟之學生，建立起自己的關懷理想，在無所逃於天地之間的關係網絡中，成為有關懷能力的人，諾丁認為：「作為父母和老師，也許再也沒有比這個職責更高遠的了。」(Noddings, 1984: 102-103)

關懷倫理學的觀點主張，教師要清楚地覺察到，在整個教學過程中，所有的教學目標都必須在培養關懷情意、關懷理想和關懷能力的觀照下去進行。諾丁認為：「當我們建立起關懷倫理學，並以之檢視教育時，我們可以看到教育工作者最大的責任，不論是正式或非正式教育，都是培養人的道德理想。」(Noddings, 1984: 49)

9.2.3　教師就是教育的關懷者

諾丁說：「關懷倫理學一點也不浪漫，它是很實際的，是為人間創造的。它的艱難五花八門，我在此描述最重要的。首先，由於關懷是一種關係，一種建立在關係上的倫理學必定是和他人相關的(other-regarding)。因為我是在關係中定義的，當我以關懷者身分向著對方時，我並不犧牲我自己。於是，關懷是服務自己，也服務他人的。」(Noddings, 1984: 99)

關懷倫理學和基督教博愛主義很像的一點是，二者都有他人導向的內涵，但關懷倫理學更務實的一面則在於強調，它是以在現實經驗中去培養理想的關懷關係作為基礎。關懷者先要能以自我關懷作為其先決條件，承諾要成為關懷者的人，一方面要在平時多作培養情意接受的功夫，以加強自己開放和接納的深度；一方面也要在建構關懷關

係的道德實踐中，去體會其中情感、情緒的反饋，以覺察到自己能付出關懷的限度，適可而止。關懷者既需要有熱情，也需要有真實的承諾，因此先要懂得關懷自己，來保持住關懷別人的理想和實力。這和無條件地遵守道德原則、犧牲自我或做個漠不關心的觀察者，而不問自己情感傾向的傳統理性的思考模式，是有所區別的。

在諾丁的理念中，他並非反對運用道德原則或去建立道德原則，而是希望在訂定外在原則之外，人能不假外求，更勇敢地面對現實中自己真實的情感，以之作為道德實踐的力量來源，做個能認識並肯定自身價值的真正關懷者。因此當我們選擇不關懷時，其理由正正當當地，是要守護著並保有自己關懷的人性力量，不做迷失的關懷者，去維護委曲而怨懟的關懷假象。教師尤其需要面對自己真實的情感，增強自己作為教育關懷者的力量。

9.2.4 教師要在關懷中接納學生

學生在學習中必須獲得學習的自由感、成就感、喜悅感，能接納自我、關懷自我，進而向世界開放，在經驗的互動中，立定關懷的理想。教師既然負有協助學生在學習中成長與發展的任務，那麼就要懂得如何在學習環境中加入這些能發動學生關懷情意的因素。

諾丁提醒教育工作者都應有站在教者和學者二方的雙重觀點來看待學生的學習。「關懷者要設想一種雙重的觀點，並從自己和對方的角度看事情，否則，教育難以安排。」(Noddings, 1984: 62)諾丁借用馬丁布伯「包容」(inclusion)的觀點，來說明任何教育工作者想要教導學生的學習，都要將學生觀點包容進去，讓老師的期望能融入學生的學習動機中。

諾丁又提出杜威教育哲學的觀點，指出教師並非要順從學生的意願去教學生想學的，而是使學習內容安排成學生喜歡學習的，前者只是放任，後者才是融合教育者和學習者的教育觀點。如果學生在學習

中一直感受不到自發的學習動機，而硬是強迫學生學習，雖然表面上學生也許是順從的，但這對學生的心理衛生非常不好，會進而影響學生的道德自我觀念。這印證了教育必須考量學生的觀點，學業的成果不只是客觀能力的考核而已，也是影響學生建立自我感的重要來源，進而也會影響學生對道德的感受和塑造關懷理想的力量。

諾丁也提醒兩點：

(1) 關懷關係不是以理性之教導為前提，而是由老師領導和安排的教育氛圍中，讓小孩去感受到關懷和受到注意，而後小孩可以在其中學習去回應，以及和別人互動：「小孩就算未受到熱烈的愛意，也要受到注意，小孩可在其中學會去回應，或鼓勵和他講話的人。」(Noddings, 1984: 60)

(2) 小孩的接受性容易培養，但其中也容易有往而不返、不知選擇的陷阱，因此，老師要注意學生在學習中，是否接收了錯誤或不當的訊息，而影響對自我的看法和理想的建構。因為小孩畢竟是未成熟的，當他們敞開心懷去接受外在的訊息時，也是他們最容易受傷或迷失的時候。

9.2.5 教師能在關懷實踐中體現教學價值

就教學實踐的層次而言，關懷倫理學強調去知識專業化的教育，強調回歸到以培養關懷理想與關懷能力為核心教學目標的教育。這種以關懷人為本的教育，是要求教師成為經師，也要成為人師，必須在教學過程中針對學生的需求，有反省力地運用「身教、對話、實踐和確信」的師生關係，以帶領學生也學習成為關懷理想的追求者。這種人師與經師的要求，正需要教師具有「與日俱進、終身學習」的精神。關懷情意的流露，在此最後要成就的是關懷實踐。

　　從關懷情意之流露、承諾到實踐，關懷重新成為一種人性的能力和價值，人際間的關懷實踐，不應因為過去在社會中多由女性擔任，而剝奪了它應有的地位和功能；關懷實踐也不能強迫式地要求，這樣則違背了關懷的初衷，成為另一種道德上新的壓迫勢力。

　　關懷倫理學所提出對教育專業的要求，是以人為本的，而專業知識包含在其中；是重視情意交流的，而理性反省蘊含在其中。這正突顯了教育專業必須落實在關懷實踐中，去做人際間關懷關係的促進和培養，才能彰顯人性的價值。

 ## 9.3 ／ 幼兒教師關懷倫理學實踐之對象

　　關懷倫理學的理念和理想，在獲得共鳴而成為教育工作者的後設認知時，實務工作者自然也會在其理論理想的支持下，去體驗實踐的甘苦和提出實現的策略。當然，這必然會是一個充滿冒險和甘苦體驗的實踐歷程，但這也是真正能拓展人性深度，值得身為人師者下水涉足的生命之旅。

　　隨著幼兒教育開始受到國內外學者的關注，幼教師背負教育幼兒身心各方面發展的責任，以致落實教師的專業表現受到重視。教師的言行不僅對他人造成影響，其影響的範圍相當廣泛，還包含幼兒、家長、同事及向外擴張至社區（會），形成了一個極大的效應網。而關懷倫理是用以維持專業團體成員的專業表現，間接影響幼兒的學習與發展，是以提升幼兒教育品質的同時，也應加強幼教人員明瞭關懷倫理學的真諦，進而協助幼教人員在教育保育過程中的表現。因此，關注教師們的關懷倫理實踐，就越顯得重要了。

　　為了確保幼教專業化的地位與幼教專業的形成，我們不僅要靠外在制度的建立，更有賴教保人員本身的行為表現。作為一個有專業知

識的教保人員，在解決所遭遇到的困境時，除了由個人的角度思考之外，更需要由專業的觀點來思考判斷，以表現出符合專業人員水準的行為。路可斯基(Luckoski)於1997年曾經指出，師資培育課程雖然強調培育教師的教學技巧及效能，但是教育工作有它的道德層面，教師在其個人生活及專業生活中宜經常警惕自己是學生的楷模，教師的行為對學生的道德發展有非常微妙但意義重大的影響，所以教師除了注重教學技巧之外，還應注重自身行為。

以下我們羅列出「**中華民國幼兒教育專業倫理守則**」〔幼改會，2001〕，共分為四部分：對幼兒、對家庭、對同事、對社會，每一部分都包括理念及實際執行上的指引原則以供參考。

表9.1 中華民國幼兒教育專業倫理守則〔幼改會，2001〕

	理念	尊重幼兒之權利與獨特性，善盡照顧與保護之責，提供適性發展之教保方案。
對幼兒的倫理	原則1	在任何情況下，我們絕不能傷害幼兒，不應有不尊重、脅迫利誘或其他對幼兒身心造成傷害的行為。
	原則2	應公平對待幼兒，不因其性別、宗教、族群、家庭社經地位等不同，而有差別待遇。
	原則3	我們應瞭解幼兒的需要和能力，創造並維持安全、健康的環境，提供適性發展的方案。
	原則4	我們應熟悉幼兒被虐待和被忽略的徵兆，採取合宜的行動保護幼兒，當握有確切的證據時，應向主管機構通報。
	原則5	我們應知道早期療育系統之運作過程，能及早發現、通報、轉介及給予相關的協助。

表9.1 中華民國幼兒教育專業倫理守則〔幼改會，2001〕（續）

對家庭的倫理	理念	尊重及信任所服務的家庭，瞭解家長的需求，協助或增進家長的幼教理念及為人父母的技巧。
	原則1	應尊重每個家庭之習俗、宗教及其文化，並尊重其教養的價值觀和為幼兒做決定的權利。
	原則2	我們應該讓家庭知道我們的辦學理念、政策和運作方式。
	原則3	如涉及影響幼兒權益的重要決定，我們要讓家長參與。
	原則4	如有意外或特殊狀況發生時，我們應即時讓家長知道。
	原則5	如涉及與幼兒有關的研究計畫，我們事前應該讓家長知道，並尊重其同意與否的決定。
	原則6	我們應尊重幼兒與家庭的隱私權，謹慎使用與幼兒相關的記錄與資料。
	原則7	當家庭成員對幼兒教養有衝突時，我們應坦誠地提出我們對幼兒的觀察，幫助所有關係人做成適當的決定。
對同事的道德責任	理念	基於專業知識，與工作夥伴、雇主或部屬建立及維持信任與合作的關係，共同營造有益於專業成長的工作環境。
	對工作夥伴間的倫理	
	原則1	我們應與工作夥伴共用資源和訊息，並支持工作夥伴，滿足專業的需求與發展。
	原則2	當我們對工作夥伴的行為或觀點覺得擔心時，應讓對方知道我們的擔憂，並和他一起以專業的知識和判斷解決問題。
	原則3	我們應與工作夥伴共同討論、分工，並接納工作夥伴給予的建議，並適當地調整自己。

表9.1 中華民國幼兒教育專業倫理守則〔幼改會，2001〕（續）

對同事的道德責任（續）	\<對雇主的倫理\>	
	原則4	當我們不贊同任職機構的政策時，應先在組織內透過建設性的管道或行動表達意見。
	原則5	當我們代表組織發言時，應以維護組織權益的角度來發言與行動。
	原則6	我們應積極參與機構舉辦之活動，並給予適當的建議。
	\<對部屬的倫理\>	
	原則7	我們應創造一個良好的工作環境，使工作人員得以維持其生計與自尊。
	原則8	我們應配合法令制訂合宜的人事政策，並以書面明示所有工作人員。
	原則9	對於無法達到任職機構標準的部屬，應先給予關切，並盡可能協助他們改善，如必須解僱時，一定要讓部屬知道被解僱的原因。
	原則10	應發展合理明確的考核制度，對部屬的考核與升遷，應根據部屬的成就紀錄以及他在工作上的能力來考量。
對社會的倫理	理念	讓社會瞭解幼兒的權利與幼教的專業，提供高品質的教保方案與服務，重視與社區的互動，並關懷幼兒與家庭福祉的政策與法令。
	原則1	我們應為社區提供高品質、符合社區需求和特色的教保方案與服務。
	原則2	我們有義務讓社區瞭解幼兒及其權益，提升社區家長的親職知能。
	原則3	當我們有證據顯示機構或同事違反保護幼兒的法令規時，應先循內部管道解決；若在合理的時間內沒有改善，應向有關當局舉報。

9.4 / 結 語

應用倫理學是運用一些原則，去確認與驗證個體在需要選擇的情境下，所做的正當行為。因為人類在生活上，常需面臨許多特殊的、複雜的情況，去表現辨別對或錯的行為素養，以合乎倫理規範，可使得此社會團體中，個人與個人之間能和諧且有秩序的運作。

所以，談到「倫理」時常會涉及到「意志自由」、「責任」、「義務」、「價值」、「道德」和「標準」等議題，這也是從事專門職業所不可避免的實際問題。因此，「專業倫理」是形成專業的重要特質之一。當幼兒教師依其專業能力所作的專業判斷和決定，其結果是否影響到幼兒的權益和身心發展，值得加以思考。專業知能如果缺乏專業倫理，很容易導致人員為所欲為，沒有顧及到行為背後可能產生的影響，就整個社會或教育發展而言，是相當危險的。它不僅會使社會趨於混亂狀態，而且更會加速社會的解體，尤其富有育才責任的教師，更不容忽視。

美國學者瑞奇(John Martin Rich)於1984年提出專業倫理可發揮下列四種功能：

(1) 對專業人員的確保

對專業人員來說強制執行的專業倫理準則，可讓專業服務的提供達到合理的標準，且符合道德行為的規範。另外，也可讓專業人員實施獨立的判斷。

(2) 對大眾的確保

專業人員為大眾的利益服務，由此，專業人員應持續地享有大眾的信任、信心以及支持。

(3) 一致的準則與行為標準

專業人員知道什麼是可被接受的行為，以使其行為受到適當的規範。在此同時，應保護專業人員免於不利的批評、法律的案件以及證照的撤回；應避免政府介入專業，使其喪失自主權。

(4) 專業倫理準則

這是一項職業擁有專業地位的標誌之一，由此促使半專業或未達專業標準的職業向專業邁進，這一點應是其努力的方向之一。[2]

關懷的主要意涵中，以全神貫注、動機移置、全心接納為起點，強調基於他人需求而行的行動，並且重視相互性和本質上的關係，是一種本諸真誠的態度，開放、毫無條件、未加選擇的全心接納，關注他人及其需求，發現其需求實現的可能性，並負責任地回應其需求。是一種因為關懷，所以願意為其犧牲，為其爭取福祉的態度。

但是，關懷者的接納並不會導致放任，亦不會放棄對行為與成就的責任，反而因為接納，可以維持與提升人類（生活）實際基礎的關連性，且在教育上，這種接納更能使教師維繫與提高小孩的關懷能力。這正補足了幼教專業倫理守則生硬的規則守約，讓教師成為真正的關懷者，協助被關懷者的學生，更成就其將來關懷他人的能力。

個案研討試一試 APPLIED ETHICS OF PROFESSIONAL SERVICE

- 小口愛是一位口碑不錯的保母，這個月接連來了幾位父母想請小口愛照顧小孩，小口愛心中大喜，覺得可以多賺些錢，但她照顧的孩子由原來的三個增加到六個，超過她的負荷…。
- 因為能力與空間均有限，故她將年齡較小的寶寶親自帶著，年紀大些的多半讓他們自己活動，如看電視、畫畫等。

討 論

- 小口愛這樣做可行嗎？會產生怎樣的問題？
- 小口愛應如何盡到保母應有的責任（倫理需求）？

名詞解釋

1. 來自母親的表達
2. 對話
3. 實踐
4. 確信
5. 人師
6. 經師

問題討論

1. 請比較「聖職教師」與「專業教師」之於關懷倫理學中的意涵為何？
2. 請簡述幼教教育理念中理性與感性對教師關懷者的重要性為何？
3. 請論述關懷倫理學在幼教理念中的教育重點為何？

4. 請說明諾丁培養關懷倫理的三個主要方法為何？

5. 請說明幼教教師如何成就扮演關懷者的教育理念？

6. 請論述幼教關懷倫理所涵涉的實踐對象與理念為何？

7. 請簡述美國學者瑞奇所提出的專業倫理的功能性為何？

本章註釋

[1] Rf. : the ethics of care and education by nel noddings.

[2] Rf. : Rich, J. M. (1984). Professional ethics in education. IL: Charles C Thomas Publisher.

10

CHAPTER

APPLIED ETHICS OF
PROFESSIONAL SERVICE

生態倫理學導論

「生態倫理」(Environmental ethics)亦稱為「環境倫理」，其意指對人類和自然環境之間的道德關係，給予系統性和全面性的定義和解釋。早期的生態倫理，大多以效益主義作為解釋的依據；近年來的生態倫理，則大多以義務論作為解釋的依據。但一個「生態倫理」學說基本上都必須包括：

(1) 解釋這些倫理的規範有哪些？

(2) 解釋人類必須對誰負起責任？

(3) 解釋這些責任應如何證成？(Des Jardins, 1993)

小思考...

1. source vs. resource。人的經營是管理？權利？義務？

2. source vs. resource＋相互依存＝？

10.1／ 何謂生態倫理學

生態倫理學是一門什麼樣的學科呢？生態倫理學的性質，實際上，它是研究人與自然關係的生態道德。也就是說，首先承認人與自然的生態存在，並且對人而言有倫理關係。早在十六世紀初期，英文裡的 "oeconomy" 是用來表示「經營家產的藝術」，它源自希臘文的 "oikos" （房子）一字。後來，"oeconomy" 延伸出兩個不同的涵義：

(1) 透過政治來管理社區或國家所有的資源，以達到有規劃的生產目標。

(2) 上帝對於自然界所施行的管理。

然其拉丁文的 "oeconomia" 與 "dispenstions" 是交互使用的，大約在1785至1795年之間便出現了英文的「經濟學」(economics)一字。在1658年，狄格拜勳爵(Sir Kenelm Digby, 1603-1665)[1]認為要極力促使自然科學發展能與宗教信仰融合，首先使用 "oeconomia of nature"。從此以後，直到十八世紀，這個詞便與上述各種涵義結合，用來指涉：「在整個地球上所有生命，組成宏偉龐大的有機組織的管理經營。」而上帝被視為是「至高無上的經濟學家」(the Supreme Economist)，祂不但設計出地球上所有的東西，更是讓地球能夠維持良好生產機能的管理者。

　　整個十八世紀中，漸漸發展出以科學方法來探討地球上所有的有機個體，並視這些有機體為一個相互作用的整體，當時稱為「大自然的組織法則」(economy of nature)，一直到1866年，德國生物學家恩斯特·赫克爾(Ernst Haeckel)首次在書中使用 "ecology" 一字，即我們今天所稱的「生態學」的來源。隨著生態危機意識的覺醒，到了1960年代，「生態學」終於變成一般人的用語，距離這個字的出現已有一百年之久。

　　「生態學」研究在今天雖然已經變成一種科學探討的領域，但從上述的回顧，這個字（在英文裡是一個字）最初的確包含政治、經濟與信仰等三個層面的涵義，而且，這三種層面對大自然都有一個共同的看法，就是「**透過某種程度的管理來達到最大的生產**」(managed for maximum output)。這種背景與日後生態學研究的特色有著極為密切的關係。然而，生態科學的研究，讓我們漸漸學習到，地球上所有的生命彼此之間息息相關，它絕不只是為了人類的使用而存在。換句話說，大自然是人類生存的根源(source)，不是只為了讓人類享用而存在的資源(resource)。人與人、人與自然密不可分，在我們這個地球上，脫離自然的人和脫離人的自然實際上都是不存在的。那麼我們人類在這個地球上該如何對待它呢？怎樣對待動物、植物、微生物，實際上不僅僅是一個利用的問題，還有一個相互依存的問題。也就是說，我們不僅僅要用法律約束，我們還要輔助於道德手段。

所以在一定意義上來說，我們說生態倫理學強調的一點，就是我們人類自身的生態，實際上是生物的生態。生態倫理首先要關注我們人類自身生物的倫理，這涉及到生態倫理學研究的內容，其中之一就是人的文化行為，與人類生物機體存在的倫理關係。

10.2 / 環境科學和生態倫理學的關係

　　生態環境的議題，很難不包括價值觀的問題，甚至涵蓋了政治、經濟、社會各個層面，如果只用科技來解決，往往會引發更多的問題。一般人認為科學是在描述「事實」，既然事實是客觀的，科學的知識也就是客觀的。但是，這並不代表科學已經充分的描述或發現了事實的全貌；因為我們所發現的事實，是取決於我們所問的問題。一旦改變了問題，將改變我們的思考方向，以及所獲得的答案。例如，如果把能源問題，看成「能源供給」的問題，我們需要考慮的是現有能源的存量，以及如何開發新的能源。但如果看成是「能源需求」的問題，我們就必須考慮使用的能源總量，以及如何提升能源使用效率。因此，不同的問題，會引發不同的思考方向，並獲得不同的答案，進而有不同的能源政策。除此之外，科學的陳述並不能使我們做出價值的判斷，也就是我們應該做什麼，必須依靠自我的判斷和選擇。因此，我們仍然需要倫理價值體系來做為科學應用的指引(Des Jardins, 1993)。

　　抽象的倫理和哲學分析，仍然需要實際的科學內容，才能成為可供實踐的倫理意涵。以下分為三點加以討論：

(1) 對科學內容的瞭解，可以為倫理規範提供更有力的基礎。例如，對生態學的瞭解，可以知道為什麼不能「砍伐熱帶雨林」，以及鼓勵「永續農業」的原因。

(2) 對科學內容的瞭解，可以使我們知道實際問題的核心，以及倫理問題的複雜程度。例如，對「溫室效應」的瞭解，才知道問題的複雜性，以及僅靠原本簡單的道德規範仍然不足以解決問題。

(3) 由哲學家所提出的倫理分析，往往是由抽象的概念所組成，除非把它們應用在特定的脈絡情境裡，否則無法做為實際的行為指引(Des Jardins, 1993)。

因此，科學的發展和應用，需要價值倫理做為指引，而抽象的倫理概念，也需要特定的科學內容，才能提供具體的倫理規範。所以，「沒有倫理的科學是盲目的，而沒有科學的倫理是空洞的」。

10.3 / 生態倫理學研究範疇

生態倫理學作為當代哲學對於生態危機的回應，挑戰了傳統倫理學的理論界限，並試圖將道德社群的包含範圍擴大到動物與自然生態之上。我們可以檢視倫理學領域中的各個主張特色與侷限性，便能更清晰地瞭解生態倫理學的研究範疇與其特性，內容分述如下：

10.3.1 人類學中心主義(Anthropocentrism)

人類中心主義源自希臘文，由"anthropos"（人類）和"kentron"（中心）所組成。其意所指為：

(1) 一切堅持人是世界中心和最終目的觀點。

(2) 認為人的價值是世界運轉的中心，而世界順勢支持人的觀點(Angeles, 1992)。

這種思想其實早已存在於西方文明達數千年之久。在兩千多年前，希臘哲學家普羅達哥拉斯(Protagoras, 485 B.C.-420 B.C.)就曾提

出「人是萬物的尺度」的理論(homo mensura theory)。人類中心主義認為人類之外的生物，它們的存在是為了滿足人類的需求，大自然對於人類只有工具性和實用性的價值(White, 1967)。所以，「人類中心主義」是造成當今環境汙染與環境惡化的重要根源。

10.3.2 生命中心主義(Biocentrism)

生命中心倫理是主張個體主義的倫理學說，它的倫理特性是：

(1) 重視生命個體價值。

(2) 只有生命本身具有價值，物種和生態系則無。

生命中心倫理可追溯自1789年邊沁(Jeremy Benthem, 1748-1832)[2]的理論。生命中心倫理學說如下：

(1) 邊沁的「動物會感受痛苦」

邊沁認為只要有感受苦和樂的能力，就應該納入道德考量的範圍。問題並不是「牠們是否有理性」，也不是「牠們是否能說話」，而是「牠們是否會感受痛苦？」邊沁以效益論來說明，我們應該儘量減少動物的受苦程度和總量。

(2) 辛格(Peter Singer, 1946-)[3]的「動物解放」

辛格在《動物解放》(Animal Liberation)中，用「感知」(sentience)一詞來代表受苦和享樂的能力。辛格反對將動物做為食物、衣物、科學實驗、休閒娛樂等用途，辛格也採用邊沁的效益論來說明，我們的道德義務就是儘量減少動物的受苦程度和總量。

(3) 雷根(Tom Regan, 1938-)[4]的「動物權」

雷根基於「天賦價值」(inherent value)提出「動物權」(Animal Rights)概念，認為個體本身就具有價值，此價值獨立於其他個體對它

的需求和使用。他以義務論的觀點，說明所有具備天賦價值的個體，應獲得等值的尊敬。

(4)　蕭維澤(Albert Schweitzer, 1875-1965)[5]的「尊重生命」

　　他在1915年提出「尊重生命」(Reverence for Life)，認為所有的生物都具有「天賦價值」而值得敬畏和尊重。他認為保護生命、彰顯生命，並發揚生命的最高價值是一件善事，而毀滅生命、傷害生命、壓抑生命的發展，則是一種罪惡(Schweitzer, 1923)。

(5)　泰勒(Paul Taylor)[6]的「尊敬自然」學說

　　泰勒的「尊敬自然」(Reverence for Nature)學說，認為所有生物都具有「自身善」(a good of their own)，因為所有生物都是「生命目的中心」，使所有生物都具備「天賦價值」，值得道德考量和尊重(Taylor, 1981, 1986)。

10.3.3　生態中心主義(Ecocentrism)

　　生態中心倫理是主張整體主義的倫理學說，它的倫理特性是：

(1)　重視生態體系整體價值。

(2)　在生態體系整體之中，才能決定個體的角色和地位。

(3)　整體生態體系的平衡和穩定重於個體生命的生存。

　　生態中心倫理學說包括：

(1)　李奧波(Aldo Leopold, 1887-1948)[7]的「大地倫理」

　　李奧波的「大地倫理」(The Land Ethnic)學說出自《沙郡年紀》(A Sand County Almanac)(1949)，是第一本有系統的生態中心倫理學說的著作。李奧波認為「大地倫理」就是「倫理的延伸」，他說：「大地倫理就是把生命社區的範圍加以擴大，以包含土壤、水、植物、動

物；或者統稱為大地」。而「任何保存生命社區完整、穩定和美麗的行為就是對的行為，否則就是錯的。」李奧波認為生命社區整體才是道德考量的對象，生物個體則不是。因此，李奧波的整體論屬於「倫理學上的整體論」。

李奧波以此整體論觀點提出了下列的道德規範(Leopold, 1949；Des Jardins, 1993)：

其一，因為生態系統是一個「高度組織化的結構」，並且非常複雜。所以，我們的首要任務就是保存所有生命型態的歧異度。因為，就算生態學家也不能完全瞭解這個複雜的系統是如何地運作。

其二，人類對大自然的干擾，必須抱持謙卑和自制的態度。人類輕微的干擾，地球具有自我調節的能力，但是劇烈的干擾則會為人類帶來災難。

其三，本土的動植物才是最適合當地的生態。引渡外來物種，必定會破壞原有生態系統的完整和穩定，引發生態危機。

(2) 納斯(Arne Naess, 1912-2009)[8]的「深層生態學」

納斯在1973年提出「深層生態學」(Deep Ecology)的概念，他認為過去的環境運動是「淺層」的生態學，它的中心目標是為了反對環境汙染和資源耗竭。但是，「深層」生態學是以一個更整體的、非人類中心的觀點，找出造成這些環境問題的社會及人文病因。所以，深層生態學可以看成是一種哲學的取向，因為它認為環境問題可以追溯出它的「深層」哲學根源(Naess, 1973, 1985)。

深層生態學原則包括兩個「最高倫理規範」：

其一，為「自我實現」(Self-Realization)：就是透過與自然界其他部分的互動，以實現自我的過程。

其二，為「生命中心平等」(Biocentric Equality)：就是指所有的有機體都是平等的成員，共同存在於一個互相關連的整體中，並且擁有平等的內在價值。

納斯提出了八個深層生態學「平臺」(platform)，做不同世界觀之間共通的基本原則，這些基本原則具有相當程度的一般化，以包容各類型哲學所產生的多樣性，但這些基本原則也有相當程度的特殊化，以便區別於淺層生態學。這八個基本原則為：

其一，地球上不論人類或其他生物的生命本身就具有「價值」，而此生命價值，並不是以非人類世界對人類世界的貢獻來決定。

其二，生命形式本身就具有價值；而且，生命形式的豐富度和多樣性，有助於這些生命價值的「實現」(realization)。

其三，人類沒有權力減少這樣的豐富度和多樣性，除非是為了維持生命的基本需求。

其四，要維持人類生命和文化的豐富度，只能有少量的人類人口；要維持其他生物的豐富度，也需要少量的人類人口。

其五，目前人類已經對其他生物造成過度的干擾，並且在快速惡化當中。

其六，政策必須加以改變，因為這會影響基本的經濟、科技和意識型態三者的結構，這將使得最終狀態與現在狀態完全不同。

其七，意識型態的改變，主要在於對「生命品質」(life quality)的讚賞（基於生命的天賦價值觀點），而不是追求更高的生活水準。我們將會深深的覺知，在「大」(bigness)和「偉大」(greatness)之間是不同的。

其八，認同上述觀點的人，都有義務直接或間接參與必要的改革。

(3) 布克欽(Murray Bookchin)的「社會生態學」(Social Ecology)

此是介於個體主義和整體主義之間的倫理學說，他認為個體構成整體，整體也塑造個體。它的倫理特性是：

其一，重視個體和整體價值，以及個體和整體之間的互動。

其二，鼓勵以個體的力量促成整體的平衡和穩定。

其三，應該善用人類的能力，為大自然服務。

布克欽對「層級」(hierarchies)概念特別著重，他認為對大自然的「宰制」是從社會中的「層級」和「宰制」概念而來。布克欽認為社會提供了心理和物質的情境，以及動機與方法來利用和宰制大自然。在追求經濟效率的社會裡，是以「宰制」和「控制」的能力來定義「成功」的。也就是如果能擁有越多的員工為自己效力，擁有越多的財富、權力和地位，那就是越「成功」。而這個「成功」的定義，也可以擴展至對人類之外的對大自然的宰制和控制之錯誤觀念。(Bookchin, 1987; Des Jardins, 1993)

從上述對於生態倫理發展的描述探討之後，我們可以對生態倫理得到初步的瞭解，如下所示：

(1) 從生態倫理的發展過程，可以看出一個適宜的生態倫理學說，應該同時注重：

其一，生命個體價值：追求人類和其餘物種生命之間真正的平等。

其二，生態整體價值：維持生態圈整體的穩定和平衡。

(2) 生態倫理學應該朝多元化的方向發展與探討，這樣才能使人類在面臨生態環境議題時，充分提供適宜和更完整的資訊與解決方案，以達成圓滿解決生態問題的目標。

10.4／ 生態倫理學主要內涵

　　對於大自然投注熱忱的關切，並積極探究人類對它所負有的責任，是哲學領域近幾個世紀以來，出乎人意料的觀點轉變之一。其中有幾分諷刺的是，就在這個工業和科技發展日新月異的二十一世紀，在擁有更多關於自然循環過程的知識，並且更懂得如何加以控制的時候，人類卻似乎和大自然漸行漸遠；正當他們越來越努力要重建自然生態環境的同時，自然世界也逐漸成為倫理學關注的重點。這樣的倫理學現在還是個新學門，還在發展之中。

　　生態倫理學的主要種類計有：

(1) 永續發展(Sustainable development)

　　人類為了因應當代需求的棲地及活動，並不危及到未來世代滿足他們日後生活需求的能力。以恩格(John. Ronald Engel)[9]的說法，也就是：「一種能完成滋養與延續地球上整個生命社群的這種歷史實踐的人類活動。」

(2) 生態倫理學(Environmental ethics)

　　探討如何適當關懷、重視，並履行我們保護自然環境之責的理論與實務做法。

(3) 自然主義倫理學(Naturalistic ethics)

　　一門探討如何對自然環境中除了人以外的其他生物，懷有一份適切的尊重和責任的倫理學（比較其與人本主義倫理學之間的差異）。

(4) 人本主義倫理學(Humanistic ethics)

　　因為關切自然生態環境對人類可能造成的影響，而不是出於人類內在對大自然的尊重，而逐步發展出來的一門倫理學（比較其與自然主義倫理學之間的差異）。

(5) 生物中心主義(Biocentrism)

一門尊重生命，將關注焦點放在所有的生命體上的倫理學。

(6) 深層生態學(Deep ecology)

一門堅持人類就像其他所有的物種一樣，只有在他們與自然環境的連結中，才能呈現他們的原貌，而現實在人類或非人類領域裡都沒有任何差別的倫理學。

(7) 價值論生態倫理學(Axiological environmental ethics)

一門探究在自然界中什麼東西具有內在價值，而這些元素又該如何保存及增加的倫理學。

(8) 生物地域主義(Bioregionalism)

此種觀點強調人類生活在各個區域地景中，因此一種最適切合用的倫理學應該能讓人認同他／她所居住的地理環境。

(9) 生態女性主義(Biofeminism)

根據凱倫・華倫(Karen Warren)的說法，「生態女性主義的立場堅持在宰制女性與宰制自然界兩者之間，存在著非常重要的關連，不論就歷史、經驗、象徵或理論等層面皆是如此。理解其中的關連，無論是對於女性主義，或者是對於環境倫理學都具有關鍵性。」[10]

10.5／ 生態正義的時代意義

生態正義，實際上是對不同主體在利用自然資源過程中，所作的損益程度評鑑。也就是說，在自然面前，有的人利用自然資源獲益多，付出保護自然的投入較少；相反的，有的人並沒有在自然資源中有較多的獲益，卻要承受超出其能力的負擔。於是，便產生了生態正義的問題。以下我們將提論，生態正義在生態文明建構中的地位和作用。

10.5.1 生態正義是建構生態文明的重要理論前提

生態文明的核心價值就是如何協調人與自然的關係。人與自然的關係，一直是人類哲學思想史所關注的一個重要命題。中國哲學強調天人合一，人是自然的一部分，人的一切活動都必須遵從天道。歐洲傳統哲學比較早地區分了主體與客體的不同，通過主客二分的哲學思維方式，而提出人類改造自然的理論作為前提。這些觀點都不無道理，但有著根本性的缺憾，就是沒有對人與自然的社會屬性作出歷史性評定，沒有進一步分析人在面對自然時，如何協調和約束自身的行為。

以人的主體性而言，自然環境相對成為客體性；主體既能動地作用於客體，同時又能在主客體互動的過程中，實現主客體的內在統一。從根本上來說，要真正實現主客體的內在統一，這就涉及到人與自然和人與社會的統一問題，因為人的社會屬性和社會關係影響著人與自然的關係。人的實踐是在一定的社會制度倫理中形成的，社會關係的公平性問題當然影響到人與自然的關係。環境公平講的是人在面對自然時如何協調自身的行為，如何比較和評定不同主體應對自然的責任所在，以及這種比較評價系統涉及到的人的價值的對立和平衡。將環境公平納入到生態文明的系統中，這就深化了人們對人與自然關係的認識，深化了人們對生態文明的制度倫理的認識，進而深化了人們面對自然如何約束自我利益衝動的認識。

10.5.2 生態正義是建構生態文明的主要任務

建構生態文明是一個複雜的系統工程，其主要任務有：

(1) 建構文明的生活方式

生態文明是當代人進步的生活方式之重要體現，生活方式體現著人對生活的態度，生活方式是由一定的價值觀所決定的。在現實生活

中，人們常常不加節制濫用資源，以滿足自己的感官慾望需求；隨意地破壞自然環境，不尊重自然，將自然當作用之不竭的生活倉庫。要真正解決這些不良的生活方式問題，我們需要建構一個以生態正義為基礎的新生態價值觀，並將這種價值觀深化到人們的生活方式中。社會正義和公平是社會主義的本質屬性，環境公平作為社會正義的一個重要組成部分，理應成為建構生態文明的制度倫理基礎。

(2) 解決汙染問題

我們講解決汙染問題的關鍵，是分清不同的主體在與自然互動過程中損益度的界定。只有建立環境公平的制約機制，才能夠有效地遏制生態汙染的蔓延。

(3) 促進人與自然的可持續發展

生態文明的建構不是要無端地壓制人的需求，也不是要求回到原初的天人合一狀態，而是要在均衡人與自然的能量交換中，促進人與自然的可持續發展。要完成這一歷史性任務，還需要我們建構生態正義機制。只有在這種公平的機制和框架中，人才能夠意識到人在自然面前，什麼可行、什麼不可行。也就是說生態正義的建構，將進一步激發人們認識自然的積極性和創造性，也進一步激發人們愛護保護自然的積極性和創造性，人們面對自然的責任意識和自律意識都將會大大增強。

10.5.3　生態正義是建構生態文明的重要目標

社會正義作為人的本質要求，構成了人的全面發展的重要內涵。人不同於動物，人是社會關係的總和，在社會交往中，其付出與獲得能否成正比，是否能在社會利益的衝突中獲得滿足，這都取決於社會正義的實現。社會正義已經構成了人的本質訴求，維護人的獨立尊嚴，使每一個人在這個社會上得到公平的對待，這是一個文明社會的

基本標誌，也是現代人內在的文化心理需求，更是個人追求獨立尊嚴的重要體現。

從歷史上來看，人們將公平正義作為社會的理想境界，不惜獻出生命，大同世界一直是中國人的理想社會的表達，在現實社會中，公平概念表現著多方面的內容。人們要追求經濟公平，人們要追求政治公平，人們要追求文化公平。最後是，人們要追求生態正義，以促進人與自然的可持續發展。也就是說，只有將生態正義與經濟、政治、文化公平一起納入到人的全面發展的系統中，才能真正奠定人對公平全面訴求的基礎，才能真正賦予公平與時俱進的新內容。

 ## 10.6／結 語

我們這個時代的環境革新，實際上是一場環境文化的改革。生態文化，已經成為我們現在人類和民族發展的共同的文化。我們也知道，這個在環境革命發展下的這場運動，實際上是一場群眾運動，以往的運動或者是經濟運動，或者是政治運動，現在我們說進入了生態環境運動。可以預見，在二十一世紀無論從頻率、規模和對社會的影響上，生態環境運動都會表現出它極大的生命力。我們說：生態倫理是一種新的世界觀，生態倫理是新的價值觀，生態倫理是強調生態的權利觀。

總之，開展生態倫理的實踐是提高全民意識的重要步驟。在一定意義上來說，生態倫理實際上是取決於每一位人民，並將其視為一種責任。

個案研討試一試 APPLIED ETHICS OF PROFESSIONAL SERVICE

　　全球暖化，環保意識抬頭，多國政府有限塑政策，ex：減少塑膠袋、塑膠吸管，使用環保餐具等。

討 論

- 人類發展物質文明的同時，對自然環境應有如何的認知？
- 此外，應注意哪些自然生態的回饋問題？
- 若造成生態及人生存問題時，能有補救的方法嗎？

名詞解釋

1. 生態倫理

2. 生態學

3. 人類中心主義

4. 生命中心主義

5. 生態中心主義

6. 永續發展

7. 自然主義倫理學

8. 人本主義倫理學

9. 生物中心主義倫理學

10. 深層生態學

11. 價值生態倫理學

12. 生物地域主義

13. 生態女性主義

14. 生態正義

問題討論

1. 何謂生態倫理學？

2. 請說明環境倫理學與生態倫理學的關係為何？

3. 請說明生態倫理學研究的範疇為何？

4. 請說明生態倫理學主要內涵為何？

5. 請說明生態正義的時代意義為何？

本章註釋

[1] Sir Kenelm Digby was an English courtier and diplomat. He was also a highly reputed natural philosopher, and known as a leading Roman Catholic intellectual and Blackloist. For his versatility, Anthony à Wood called him the "magazine of all arts".

[2] Jeremy Bentham was an English jurist, philosopher, and legal and social reformer. He was the brother of Samuel Bentham. He was a political radical, and a leading theorist in Anglo-American philosophy of law. He is best known for his advocacy of utilitarianism and his opposition to the ideas of natural law and natural rights, calling them "nonsense upon stilts." He also influenced the development of welfarism. He is probably best known in popular society as the originator of the concept of the panopticon.

³ Peter Albert David Singer is an Australian philosopher. He is the Ira W. DeCamp Professor of Bioethics at Princeton University, and laureate professor at the Centre for Applied Philosophy and Public Ethics (CAPPE), University of Melbourne. He specialises in applied ethics, approaching ethical issues from a secular preference utilitarian perspective.

⁴ Tom Regan is an American philosopher who specializes in animal rights theory. He was professor emeritus of philosophy at North Carolina State University, where he taught from 1967 until his retirement in 2001.

⁵ Albert Schweitzer was a German-French theologian, musician, philosopher, and physician. He received the 1952 Nobel Peace Prize in 1953 for his philosophy of "Reverence for Life", expressed in many ways, but most famously in founding and sustaining the Albert Schweitzer Hospital in Lambaréné, now in Gabon, west central Africa (then French Equatorial Africa). As a music scholar and organist, he studied the music of German composer Johann Sebastian Bach and influenced the Organ reform movement.

⁶ Paul W. Taylor is a philosopher best known for his work in the field of environmental ethics. His theory of biocentric egalitarianism, related to but not identical with deep ecology, was first published in his 1986 book Respect for Nature, and is taught in many university courses on environmental ethics. He is professor emeritus in philosophy at Brooklyn College, City University of New York.

[7] Aldo Leopold was an American ecologist, forester, and environmentalist. He was influential in the development of modern environmental ethics and in the movement for wilderness preservation. Leopold is considered to be the father of wildlife management in the United States and was a life-long fisherman and hunter. Leopold died in 1948 from a heart attack two hours after fighting a brush fire on a neighbor's farm.

[8] Arne Dekke Eide Naess was the founder of deep ecology. He is widely regarded as the foremost Norwegian philosopher of the 20th century. He was the youngest person to be appointed full professor at the University of Oslo. Naess, himself an avid mountaineer, was also known as the uncle of mountaineer and businessman Arne Næss Jr. (1937–2004) and the younger brother of ship owner Erling Dekke Naess.

[9] Ron Engel is Professor Emeritus at Meadville Lombard and Senior Research Consultant, The Center for Humans and Nature, with offices in New York and Chicago. He taught in the fields of religious ethics, theology and ministry at Meadville Lombard 1964-2000. He also served as Lecturer in Ethics and Society at the Divinity School, University of Chicago 1977-2000 and as a member of the Environmental Studies Faculty, The College, University of Chicago.

[10] 轉引：本文譯自：愛蜜莉・貝克及麥可・李察森編輯，《倫理學的應用》（Ethics Applied），第二版，第11章倫理學與環境Ethics and The Environment（紐約：賽門與舒斯特出版公司，1999年），頁 407-437。譯者：吳育璘。

http://e-info.org.tw/column/ethics/2004/et04032901.htm

 **MEMO**

11 CHAPTER

APPLIED ETHICS OF PROFESSIONAL SERVICE

生態旅遊倫理學

　　觀光旅遊開始於十九世紀末，蓬勃發展起因於二次世界大戰後全球經濟起飛，所得增加與休閒時間大增，人們願意將錢拿來從事觀光旅遊活動，使得觀光業蓬勃發展。觀光業的發展成為世界主要經濟活動之一，保守估計觀光業已超過全球GNP的6%，約有一億三千多萬人投入觀光職場中，這個數值已超過全球人力資源的6%。相較於其他產業，觀光活動常被視為較不具汙染性，所以被冠上「無煙囪工業」的雅號，然而是否真的完全沒有對當地的人文、生態環境形成衝擊，若將相關的數據資料提出探討，我們會發現與事實有所出入。

　　傳統的大眾觀光(mass tourism)，人數眾多，參與者來自各階層的遊客，對當地環境、社會、文化面形成衝擊。因此，近年來提倡新型態觀光，也就是小規模、低密度、分散在非都市地區，參與者多為特定族群，一般認為具有較高的教育背景或者較高收入。這種調整型的新型態觀光，我們最常聽見的便是生態旅遊(ecotourism)。

> **小思考...**
>
> 人與自然都是受造物。
> 人是管理者，非創造者。
> 不把「它」當成工具，而
> 是「目的」。
> ＝不破壞、保護、促進。

　　2014年觀光產業代表簽署「全球旅遊倫理規範」，促進觀光產業遵守倫理規範之決心，呼應「美好生活的連結者」，共謀觀光產業發展新契機，為旅遊倫理建立良好的守則。

11.1／ 何謂生態旅遊

1960至70年代，美國國家公園和保護區的生態體系遭受嚴重衝擊，引發人類對戶外野生動植物的自然庇護所與遊憩使用並存的再思考。生態旅遊最早出現在1965年，赫哲(Hetzer)建議對於文化、教育及旅遊再省思，其以當地文化、環境最小的衝擊、給予當地最大的經濟效益與遊客最大滿意程度為衡量標準，提倡一種生態上的觀光(ecological tourism)，此項建議使得人類環境倫理觀為之覺醒。

生態旅遊(Ecotourism)也稱為環境旅遊，1990年由生態旅遊協會(The Ecotourism Society)[1]與國際自然保育聯盟(International Union for Conservation of Nature, IUCN)[2]共同提出，是一種兼顧自然保育與遊憩發展的觀光旅遊活動。對於嚮往旅遊的人來說，可以充分利用環境的觀光資源，並以自然為取向(Nature Based)，享受到保育概念下的旅遊觀光品質。因為此種活動也屬於大眾遊憩觀光下的一種發展模式，從此與生態旅遊觀念相關的名詞紛紛出籠，如另類觀光、永續觀光、綠色觀光等。生態旅遊逐漸受到世界各國的高度重視，聯合國宣布2002年為國際生態旅遊年，各國旅遊相關機構也紛紛開始積極響應。

許多學者提出對生態旅遊的見解，例如塞巴魯斯‧拉斯庫琳(Hector Ceballos-Lascurain)[3]於1988年對生態觀光作出規範，其定義為：「生態觀光是對環境負責的旅遊方式，造訪相對未發展的自然地區，以欣賞自然、提倡環保、減少負面衝擊，並提供當地人有利的一種社會經濟的活動。」所以，生態旅遊是在於相對未受干擾或污染的自然區域旅行觀光，有特定的研究主題，欣賞或體驗其中的野生動物、植物景象，並關心該區域內所發現的文化內涵（含過去和現在）的深度旅遊觀光。

　　克塔(Kurt Kutay)[4]於1989年提出：「生態旅遊為在選定的自然區域中，規劃出旅遊基地以及可供遊憩的生物資源，並標示出它與鄰近社會經濟的連結。」而與生態旅遊類似的名詞，例如綠色旅遊(Green tourism)是主張政府有義務照顧遊客的需求，並考慮觀光對當地社會、文化、經濟及自然環境的衝擊；自然旅遊(Nature tourism)是比其他形式的觀光旅遊更強調對環境依存性的一種活動(Romeri, 1989)；而負責的旅遊(Responsible tourism)是尊重當地自然、建築及文化環境所形成的所有旅遊形式(Wheeller, 1990)。

　　因此，生態旅遊所強調的，是對自然資源概念的轉變，不是恣意耗取，而是永續經營，因為舉凡一切自然資源皆為生態旅遊的基礎與經濟來源。我們要說，生態旅遊真正的主體是自然環境，參與的對象則包括當地居民（對自身環境的認識與共識凝聚）、業者（應永續經營並善盡教育解說責任）、遊客（尊重當地居民及環境）及管理單位（嚴格為環境品質把關）。生態旅遊與傳統旅遊存在著不少的差別，須調整心態、滿心歡喜地接受，才能在具有知性與感性兼具的生態之旅中有所收穫。另外，生態旅遊在遊客數量上是有所管制的，對旅遊地點的開放程度也是局部或輪流開放，有別於傳統旅遊人山人海、動彈困難的場景。

　　在心態上，生態旅遊強調關懷自然、尊重生命，對於吃住好壞不特別要求，力行環保並深入瞭解當地的生態及人文特色，傳統旅遊則講究吃住品質，終究只是走馬看花而已。

　　在解說導覽服務上，傳統旅遊經常採取廉價方式，干擾當地民眾，不但是對資源的任意耗盡，最後也只換得舟車勞頓下的疲憊身心。相反的，生態旅遊由當地專業解說員擔任，讓當地產業受惠，獲得尊重及經濟來源，也因為專業解說員才德兼備的緣故，生態旅遊的價格可能偏高。生態旅遊對於環境資源採取友善性及永續性的經營利用，而終始參與生態旅遊者不但獲得知識，也提升性靈。

11.2／生態旅遊的特質

　　生態旅遊是一種旅遊形式，主要立基於保護當地自然、歷史及傳統文化上，生態旅遊者以精神性賞析為要，參與和培養敏感度來與低度開發地區互動，旅遊者扮演者一種非消費性的角色，融合於野生動物與自然環境間，透過勞力或經濟方式，對當地保育和住民作出貢獻。所以生態旅遊的概念不僅可應用於保護區，其他以自然資源為立基的遊憩方式都應注入生態旅遊的觀念；另外，生態旅遊的訴求還有一層面向，就是國家中央與地方政府的角色與功能，認為政府有責任維持地方居民的生活，可經由補助金錢、立法和實質改善計畫著手，以管理土地和提升當地民眾的生活水準。因此生態旅遊的特性分述如下：

(1) 「生態旅遊」比之於「自然率性地旅遊」(nature base tourism)更加深入。

(2) 生態旅遊講求生態倫理的尊重，以達永續自然生態管理的目的性，維護生態永續發展。

(3) 生態旅遊給予遊客愉悅感、滿足感與知識之旅，並強調遊客行為的自律尊重。

(4) 生態旅遊屬於負責任的旅遊，遊客應尊重當地生態環境、當地人民及當地文化。

(5) 遊客應切身成為對自然環境保護、管理的正面貢獻者，積極投入參與保護的工作。

(6) 藉由遊客與當地民眾的互動，以期更能尊重當地文化。

(7) 生態旅遊提供當地民眾就業工作機會，經濟收入回饋地方以供生態維護與建設。

　　隨著各地方生態與人文環境差異，生態旅遊的管理目標應視各地的不同而定，生態旅遊也應針對地方定出不同的經營管理目標。

11.3/ 生態旅遊的優缺點

　　生態旅遊往往被質疑是否只是一句口號（由生態永續理念變質為一種綠色行銷手法或者只是生態賣點），但其實生態旅遊對整體的旅遊環境而言還是有所貢獻，只是在這些優缺點的評判之下，如何使其優點多於缺點，才是決策當局所應該仔細斟酌考量的。

　　生態旅遊的優缺點如下：

生態旅遊的優缺點		
優點	**缺點**	**其他**
☺生態旅遊產生觀光與環境間的和諧關係，減少負面傷害，建立和諧共生關係。 ☺參與者被教導環保觀念，會化為實際的關懷行動。 ☺隨著生態旅遊興起，許多保育單位或研究單位也會產生，此外私人公司的生態旅遊活動也是可以遵守規範。 ☺生態旅遊會獲得捐款而更佳從事保育活動。 ☺增加當地居民就業機會與經濟發展。	※**環境層面** ☹生態旅遊的維護不夠周詳。特別是敏感地或者在關鍵時期，如交配或養育的季節(Wall, 1997)。 ☹有時候在缺乏資料下，通常會認定使用量和相關的影響呈直線關係，然而實際上其關係通常是呈曲線或階段式，甚至只要很少量的使用就會產生影響。 ☹即使對基地本身的影響是小的，但對基地外及在途中的影響可能是相當大的。 ※**經濟層面** ☹旅費中大部分的開銷是在旅程的費用，通常花費在當地的開銷相對較少。	☺生態旅遊無生態可言，「生態」只是賣點。目前臺灣許多旅遊業者便打著生態旅遊的名義招攬客人，實際上旅遊內容與生態旅遊不符合。 ☺生態旅遊的目的最終是永續的觀光，但若在無法取得平衡的情況下，根本一點都不永續，只會向大眾觀光的方向趨近。

☹ 捐獻的基金未能由當地居民領回，而投入保育，或者捐款並不多。如泰國觀光課捐款並不多，對當地生態旅遊的開展支持不大(Havenegaard and Dearden, 1998)。但可配合其他間接的門票及當地花費等，對當地生態旅遊有則有所助益。

☹ 生態旅遊帶來的經濟效益未能落實到原住民身上，財團經營的飯店則得到大部分的營收。

☹ 生態旅遊的遊客量要限制才能確保對生態的影響最小，高品質的體驗除非用高價，否則其收益是不大的。這與生態旅遊的本質的目的不符。

※社會層面

☹ 生態旅遊大部分地區的居民是第三、四世界國家，而觀光的人是第一世界國家，因此潛在的社會影響可是不小的(Wall, 1997)。

☹ 生態旅遊者常以西方強勢文化出現，對當地文化不尊重。需知道觀光成為許多當地居民重要經濟結構的一部分，但是保留他們的種族、文化、建築設計，以及他們的寧靜比什麼都重要，因為若失去這些，生態旅遊也就不存在了。(Amador, 1997)

☹ 為了保育環境，限制傳統資源的使用及使用者，因此剝奪了當地居民的生計；當地居民很難由生態旅遊得到利益及意義。

☺ 潛在生態旅遊遊客，並不限於那些對環境議題特別堅定或敏感的人(Blameyand Braithwaite, 1997)，但是欠缺對生態旅遊的認識往往或造成更大的生態傷害。

我們從上述優缺點間的矛盾現象可歸納出以下說明：

(1) 生態旅遊的動機

到底是為了保育還是商業行為？還是要進行環境教育？

(2) 使用者的動機

到底是有認同保育的道德或其他想法？

(3) 環境的呈現與尺度、社會經濟的衝擊

每個地方都有不同的差異，例如：美國黃石公園每年300萬遊客、印尼的Tangkoko Duasudara自然保育地每年2500位遊客。

(4) 服務的品質與呈現

要呈現到什麼樣的品質才是生態旅遊？

(5) 經濟導向的盲點

當地經濟很難期望由有限的遊客得到大量的收益；而無可避免為了增加收益，團體的人數必定會成長而朝向大眾觀光發展。

以生態旅遊對當地人而言，可能是唯一的經濟活動。這是容易受害的，因為觀光業的盛衰是在他們的控制之外。但仔細想想這些矛盾的現象都是因為生態旅遊所要達成的使命太多了，有些時候必須在經濟發展與自然生態保護之間取得一種平衡，在這交易(Trade-off)過程的取捨之中，實在是很難每方面都滿意，不過不可否認的是，若能在不破壞環境又可以讓大家欣賞美景，或者將當地文化資源加以利用保護，並且讓人民有經濟改善的話，這樣何樂而不為呢？

11.4 生態旅遊倫理

　　從生態旅遊之旅遊層面上思考，在最早的自然旅遊中，是要對環境的衝擊達到最小化，而採取對環境、動植物的保育；而後，演變為負責任或對當地貢獻的一種現象。然生態旅遊其中已蘊涵旅遊倫理(tourism ethics)，參與觀光者主動從當地文化、生態衝擊觀點，而產生自我約範的行為動機，以下我們參照奈爾森(Nelson)於1994年所提出生態旅遊的倫理特質來加以詮釋論證。

11.4.1　必須要與正向環境倫理一致，培養更好的行為

　　世界自然憲章(World Charter for Nature)[5]是1982年10月28日由國際自然資源保育聯盟(IUCN)起草，並由聯合國大會通過，且莊嚴宣告的重要文件，它確認了國際社會對人與自然的倫理關係及其所應承擔的道德義務的承諾，具有關鍵性的哲學價值和倫理學價值。其指出：「人類屬於自然的一部分。」只要全人類都能牢牢記住並推展此一哲學觀，將會是人類與自然關係之間一場巨大而成功的飛躍。在此理念下，人類尊重大自然，也就是尊重自己。生態旅遊不恣意而為，就是規範了以尊重為起點的價值哲學。

11.4.2　不可摧毀資源以及損壞資源的完整性

　　人類應服膺於：「生命的每種形式都是獨特的，不管其對人類的價值如何，都應受到尊重。為使其他生物得到這種尊重，人類的行為必須受到道德準則的規範。人類有能力變更自然，並透過各種行為而耗竭自然資源，因此必須充分認識維護自然穩定平衡和提升自然品質的迫切性。」人類更要相信：「來自自然的持續利益取決於對重要生活過程和生命支持系統的維持，首要依賴於生命形式的多樣性，而它們常常由於

人類的盲目開發和生態環境破壞而受到危害，也由於自然資源的過度消耗和不當利用，以致自然系統不斷退化，進而導致經濟、社會和文明的體制走向失調；此外，對於珍貴資源的競用常造成衝突，而保護自然和保育資源卻能對正義和維護和平作出貢獻。」臺灣曾有其「花錢獵奇」觀光文化情境，然而到了自然或文化古蹟前，決不可以其暴發戶方式的野蠻行徑而為之，更不可讓觀光成為生態與文化的殺手。

11.4.3 注重生態環境內在的價值甚過於外在功利下的利用價值

人類應深知，文明根源於自然，它塑造了人類的文化，並影響了所有藝術和科學的成就。與自然協調一致的人類生活，將賦予人類在開發創造力和休閒娛樂方面的最佳基礎。人類必須獲致知識，以維持和增強其在自然資源利用方式上的正確能力，換言之，這種方式必須確保為當代和後代的利益而保存下來珍貴的物種及其組成的生態系統。人類需要在國家和國際的層次上，個人和集體的層面上，私人和公共的層級上，採取適切的措施，保護自然並促進在此領域的國際合作。

我們以臺灣而言，臺灣擁有豐富珍貴的生態及人文風情資源，深具發展生態旅遊的潛力，但它亦具高度的脆弱性與稀有性，一旦被破壞，就可能導致無法回復的惡果。所以我們當基於利與義的倫理學基準點，做出合宜的環境倫理評估。

11.4.4 以「生物中心」甚於以「人為中心」的哲學思維判準

從歷史中，我們不難發現，不同文化和不同時代的人類對大自然的態度，一直都在改變，大致上有三種價值取向：

其一，是人類屈從於自然，為強而有力的和不妥協的大自然所支配。

其二，是人類凌駕於自然，支配、利用和控制自然。

其三，則當以人是自然固有的一部分為其依歸，應設法和大自然和諧共處，就如同動物、植物和山川一般。

這種概括足以客觀地反應出人類和自然之間的倫理關係及其歷史發展。為了生存和持續發展，固然需要在科技上有新的突破，更需要在人類和自然的倫理關係上，昇華到新的境界。在創立環境倫理道德的過程中，人類要認真總結歷史上的經驗和教訓。以生態旅遊而言，生態遊客應廣泛接受自然，而非以個人方便改變自然、破壞自然。

11.4.5 必須擔負起生態責任，使之得以永續發展

世界是一個相互依存的整體，由自然和人類社會所組成。任何一方的健康存在和興旺，都依賴於另一方的健康存在與興旺。人類是自然的一部分，人類與所有其他物種一樣是永恆生態規律的對象。所有的生命都依賴於自然系統不間斷地運轉，這保證了能量和養分的供應。因此，為維護世界社會的生存、安全、公正和尊嚴，所有人類都必須擔負起生態責任。所有物種具有固有的生存權利，生物圈的完整性和多樣性必須受到支持，生態環境和生態過程要得到維持，如此，人類文化才能有持續繁榮的保證。

永續性是所有社會經濟發展的基本依據，這種道德基礎將能使自然界的許多利用價值被公平地分配，並保存給子孫後代。後代的福祉，是我們當代人的一份社會責任。因此，當代人應當限制其不可更新資源的消費，要使其能維持在剛好滿足社會的基本需要。也要對可更新資源進行保育，確保永續的生產力。

以倫理和文化的觀點看自然與人類生命，不管在某一社會中占主導的政治、經濟或宗教意識型態是怎樣的多樣性，皆可從促進尊重和增強生命多樣性的關係而得到鼓勵。各項活動都必須對資源有益，生態環境必須來自活動的多樣效益，雖然通常繞著社會、經濟政策與科技效益打轉，但要以「永續性」為其主要考量。當然，生態旅遊者亦在此列。

11.4.6 共同營造「宜住且宜遊」的生態旅遊區域

在生態旅遊的過程中，導遊的地位被提升了，導遊不再是供人使喚的「服務生」，是具有專業知識的「解說員」，以柔性不教條的方式，引領遊客體驗生態及地方文化的奧妙之處。生態旅遊也為遊客開啟了「學習之旅」的契機，讓遊客在旅遊的過程中，不但獲得身體的放鬆，也豐富了自我的心靈。

從地方發展的角度而言，生態旅遊使得在地的文化得以傳承，在地的農畜產業得以延續，自然環境受到保護，呈現出大地富足的面貌。這的確是一個理想的觀光型態，然而這個理想需要更多在地人的共識來支持與實現。唯有在地人真正體認到觀光事業與生態保健脣齒相依，並放棄「趁機撈一筆觀光財」的心態，我們才能擁有美好的生活品質與永續經營的事業。真正永續經營的觀光所要朝向的，是一個「宜住且宜遊」的地方營造，它所要營造的是在地生活的魅力，以及在地居民愛鄉愛土的榮耀感的提升。而一個無法照顧到當地住民的品質、「不宜住」的地方，是不可能成為吸引觀光客的「宜遊」之地的。產官學界當致力於開發地方資源，使之成為可被觀光的資源，但若忽略了住民共識的營造，我們可以預見，這樣的觀光發展在不遠的未來，將成為生態的殺手。

11.5／ 結 語

　　最後，我們要說的是有些學者由於思維方式的差異和文化背景的不同，對生態倫理學研究的邏輯起點，以及對生態倫理學學科定位的研究出現了不同程度的偏差。我們有必要認真地重新省思，如把「自然的權利」當作生態倫理學研究的基礎，就是找錯了生態倫理學研究的邏輯起點。生態倫理學的邏輯起點應該是「人類的整體利益」。

　　在生態倫理學上，有人認為，是否承認「自然的權利」是「非人類中心主義」和「現代人類中心主義」的分水嶺。非人類中心主義不僅肯定自然的內在價值，同時提出自然權利的主張，這一主張承認人之外的自然物都有與人絕對平等的權利。它涵蓋了動物權利論、生物中心主義和生態整體主義等學說，而這些學說的不同僅在於把權利賦予自然存在物的不同層面。我們認為，將「自然的權利」作為生態倫理學的邏輯起點是不妥當的，生態倫理學的邏輯起點應該是「人類的整體利益」。

　　倫理學的基本問題有其利益和道德的關係問題，利益是道德的基礎，又是其確立自己的價值導向的基礎，所以，從這種意義上說，任何一種倫理學都有一定的利益原則。而生態倫理學在很大程度上是由於對人類整體利益的關注和省思而形成的，同時又把弘揚人類的整體利益作為生態倫理學的出發點和歸宿點。因而可以說，人類的整體利益是生態倫理學的利益基礎。這個利益基礎決定了生態倫理學其他問題的研究，它也就順理成章地成為了生態倫理學的邏輯起點。

　　在全球面臨共同的危機的此時，面對共同的未來，是生存還是死亡，是有所作為還是無所作為，已成為全人類必須作出的共同選擇，而且是十分尖銳和緊迫的選擇。於是「地球村」的思維就此萌芽，聲勢浩大的綠色和平運動相繼發起，在相關的運動中從不同的層面反應

出人類整體利益的覺醒，同時也就為生態倫理學的發展營造出合宜的社會氛圍。這就說明，要尊重自然的權利，僅僅是不破壞自然的完整與穩定是遠遠不夠的，還應該做到保護與促進自然的完整與穩定。而在最終的意義上，當維護自然的完整與穩定是因為人類與生態系統的共生共榮。人類要生存，必須在自然中生存；人類要發展，必須同自然一道發展。尊重自然的完整與穩定，同維護人類在自然中的生存與發展是一致的。尤其值得關注的是，今天人類與自然的關係是以人類改造自然的實踐作為仲介而建立起來的，由於人類改造自然的實踐所造成的人類與自然的關係之所以具有道德意義，是因為這一關係的性質如何，最終會觸及到人類的整體利益。

人類整體利益是生態倫理學的核心議題，生態倫理學的其他問題的研究也就有了基礎和歸宿。例如：對人類中心主義的討論的實質，就在於沒有把人類的整體利益作為邏輯起點而引起的「仁者見仁，智者見智」。我們認為，凡是有利於保持與促進人類在自然生態系統中存在的一切行為，都是符合人類的整體利益的，也就是善的；反之，不符合人類的整體利益，就是惡的。因此，若沒有人類利益的自覺與共識，在一個個人利益、民族利益和國家利益多元並存且彼此衝突的時代，我們就無法對許許多多是非作出判斷。

我們把人類的整體利益作為生態倫理學的邏輯起點，這個人類的整體利益其實也涵蓋了自然的權利在內。因為人類的整體利益與自然的權利是一致的，人類從一定的意義上說就是自然的一部分，沒有自然的存在和發展，就沒有人類的存在和發展。生態環境受到破壞，一方面危害了生態環境，引起了生態危機，另一方面也引起了人類生存的危機。人類作為自然的一分子，就是自然生態鏈上的一個環節，只不過這個環節和其他的比較起來顯得非常重要。

隨著人口增長，不可再生性資源的消耗，經濟規模的擴張以及人類各種短期性行為的消極影響，生態環境所承受的壓力將會不斷加大。而在一個廣泛聯繫、高度一體化的世界中，若沒有人類協調一致的行動，生態環境惡化的趨勢將難以扭轉，人類的自我救治也難以完成。所以我們強調人類整體利益的同時，就是強調自然的權利。強調人類的整體利益，不是人類中心主義的自我中心論，而是涵蓋自然在內的廣博的人類中心論。

在生態旅遊方面，我們亦當盡一份義務與責任。而在整體旅遊觀光，不論是生態之旅或者是大眾旅遊，都應有其生態環境倫理學的共識，如果離開了生態倫理學的規範，則失去了「知識性」與「娛樂性」的認知層面，也就失去觀光旅遊的目的。

個案研討試一試　APPLIED ETHICS OF PROFESSIONAL SERVICE

- 有一天，小心的爺爺準備了很多食物與小心一同到柴山旅遊。
- 一到了柴山，立刻就出現許多臺灣獼猴，衝著祖孫倆的食物而來，小心與爺爺也很高興餵這些獼猴吃大餐。

討論

- 小心和爺爺餵臺灣獼猴得到了樂趣，換作是你，也會這麼做嗎？
- 自然生態的平衡會出現問題嗎？

名詞解釋

1. 生態旅遊

2. 生態觀光

3. 綠色旅遊

4. 自然旅遊

5. 負責的旅遊

6. 宜住且宜遊

問題討論

1. 何謂生態旅遊？

2. 請比較生態旅遊與傳統旅遊的差異性為何？

3. 請說明生態旅遊的特質為何？

4. 請說明生態旅遊的倫理特質為何？

5. 請論述生態倫理學的邏輯起點為何？

本章註釋

[1] The World Tourism Organization has estimated that over 595 million people traveled internationally in 1997. Although tourism overall has been growing at an annual rate of 4%, nature travel, also known as ecotourism, is increasing at an estimated annual rate of 10-30%. The Ecotourism Society (TES) of North Bennington, Vermont, was founded in 1990 as a tool for both consumers and ecotourism professionals to help make travel an environmentally responsible activity and to contribute to the conservation of natural resources and the well-being of local people. The organization also fosters a sense of synergy between ecotourism entrepreneurs, researchers, and conservationists. TES is an international nonprofit organization with over 1,700 members in more than 70 countries.

[2] 世界自然保育聯盟(IUCN)是一獨特的聯盟，成員來自70多個國家、100多個政府機關以及750個以上的非政府組織。其下有6個全球委員會，志願參與的成員涵蓋180多個國家、1萬名以上國際知名的科學家與專家們，在世界各地有1千名職員，執行計畫約500項。1999年，聯合國會員國授與世界自然保育聯盟聯合國大會觀察員的地位。

[3] Hector Ceballos-Lascurain ¡s a great Mexican conservationist. An architect by profession, Hector was a Magna Cum Laude graduate of Monterrey Institute of Technology, Mexico. He also had his post graduate studies in regional and environmental planning, architectural design and systems building in Paris, Rotterdam, London and Mexico City. Hector is currently an Environmental Architect and International Consultant in Ecotourism Planning and Director General Programme of International Consultancy on Ecotourism (PICE). To date, he has carried out consultancy work In 73 countries around the world, including design and construction of ecolodges and other environmentally-friendly buildings.

[4] Kurt Kutay is the founding President and CEO of Wildland Adventures and the director of the non-profit Travelers Conservation Trust. He has traveled and guided throughout the world since 1975. Kurt completed an M.S. degree in Natural Resources from the University of Michigan after conducting research in the National Parks of Costa Rica. He has also worked on international programs for the U.S. National Park Service. Kurt has authored a chapter on adventure travel for Fodor's guide books and published numerous articles on ecotourism. As a recognized industry pioneer in adventure travel and ecotourism, he has served on numerous professional boards and

conservation organizations including The International Ecotourism Society, the International Galapagos Tour Operators Association, the Maasai Environmental Resource Coalition of East Africa, and the Adventure Travel Trade Association.

[5] World Charter for Nature was adopted by United Nations member nation-states on October 28, 1982. It proclaims five "principles of conservation by which all human conduct affecting nature is to be guided and judged." The vote was 111 for, one against (United States), 18 abstentions.

12 CHAPTER

APPLIED ETHICS OF
PROFESSIONAL SERVICE

行銷倫理學導論

一個企業假若行銷做得相當成功，往往決定企業生存的長短及與人競爭的勝敗。近年來，國內外發生不少重大商業弊案，都涉及到高階管理者以不實財務報表欺騙投資大眾。這些商業弊病暴露企業治理的重大缺陷，也使一向受到學術界與產業界忽視的企業倫理問題，一夕間成為熱門的管理議題。企業倫理和企業每個部門、每種職能都有密切關係。由於行銷活動可能對消費大眾的利益及整個社會的福祉產生重大衝擊，因此行銷倫理(marketing ethics)是一項非常重要的行銷議題，行銷人員須密切注意和重視行銷倫理問題，並負起行銷的社會責任。

> **小思考...**
> 何謂社會責任。
> 何謂企業社會責任。
> 行銷為何要對社會大眾負責。

12.1/ 行銷的定義與理論

何謂行銷？行銷包括了廣告、銷售、宣傳、促銷、直效行銷、定價、市場研究等活動範疇。也就是說，行銷是做生意的一種方法與手段。我們羅列出幾項對行銷所做的定義：

(1) 英國行銷工會定義：

行銷是負責找出顧客的需求、預先處理顧客的需求、滿足顧客的需求，讓企業獲利的管理方法。照字面來看，在此所指的獲利，可能會把不以營利為主要目標的非營利組織排除在外，但事實上，這些非營利組織仍需要行銷來達成目標。

(2) 微軟公司歐洲地區行銷主管約翰・李弗威曲表示：

以傳統的行銷定義來看，行銷就是將適當的產品在適當的地方銷售，外加適當的價格及合宜的促銷。

(3) 協和超音速噴射客機製造公司，行銷經理彼得・林尼說：

行銷就是以每天營運基礎來看，「我該做什麼？」這種觀點來說，行銷就是找出顧客的需求，透過產品發展、適切溝通和產品定價滿足顧客需求，在此你便得利用適切的媒體和通路，以傳遞適當的訊息給顧客，達成有效的溝通。

(4) 西南貝爾集團行銷副總裁山姆・豪威則認為：

我以傳統的定義來看行銷，我認為行銷是留意大眾的需求和欲求，以目前及未來的特定產品來迎合大眾，此即行銷。

所以，目前對於行銷的定義，各家皆有自己的見解。想要找出一個確切的定義，並不容易。坊間對行銷的說法就有許多種，且只能描繪出個大概，而無法擁有精確的定義。

在行銷理論上又有其差異化行銷(Differentiating Marketing)，所謂差異化行銷，又稱為差異性市場行銷，是指面對已經細分的市場，企業選擇兩個或者兩個以上的子市場作為市場目標，分別對每個子市場提供針對性的產品和服務以及相應的銷售措施。

企業根據子市場的特點，分別制定**產品策略、價格策略、銷售管道策略**以及**促銷策略**並予以實施。其核心思想為「細分市場，針對目標消費群進行定位，導入品牌，樹立形象」。是在市場細分的基礎上，針對目標市場的個性化需求，通過品牌定位與傳播，賦予品牌獨特的價值，樹立鮮明的形象，建立品牌的差異化和個性化核心競爭優勢。差異化行銷的關鍵是積極尋找市場的空白點，選擇目標市場，挖掘消費者尚未滿足的個性化需求，開發產品的新功能，賦予品牌新的價值。差異化行銷的依據是市場消費需求的多樣化特性。

不同的消費者具有不同的愛好、不同的個性、不同的價值取向、不同的收入水準和不同的消費理念等，從而決定了他們對產品品牌有

不同的需求側重，這就是為什麼需要進行差異化行銷的原因。所以，差異化行銷不是某個行銷層面、某種行銷手段的創新，而是產品、概念、價值、形象、推廣手段、促銷方法等多方位、系統性的行銷創新，並在創新的基礎上實現品牌於細分市場上的目標聚焦，取得戰略性的領先優勢。

12.2／ 行銷產生的倫理問題

有人認為行銷是一種買空賣空的剝削行為，事實上，行銷反而是一種可以創造多種效用的生產活動。儘管越來越多人已認識行銷也是一種有益消費者和社會的生產活動，但社會上對行銷仍然有許多批評和責難。人們對行銷的批評主要著眼於四方面：

第一點，有人認為行銷實務損害到個別消費者的權益：

(1) 因為中間商過多，且中間商的效率低落及利潤過高，造成產品分配成本過高，消費者因而必須付出較高價格。

(2) 業者以廣告和促銷活動吸引顧客，而成本卻轉嫁到消費者身上。

(3) 業者常以欺騙手法誤導消費者購買不值得的產品，例如謊稱以「工廠價」或「批發價」出售產品，或以誇大不實的廣告誇張產品的功效。

(4) 業者提供不安全或劣質品，讓消費者的身體健康受到危害。

(5) 行銷者以高壓式行銷手法，說服消費者購買他們原先無意購買的產品，讓消費者在購買後深感懊悔。

(6) 業者利用計畫性汰舊，讓產品在仍可使用時即提前淘汰，縮短產品使用年限，造成消費者損失和資源浪費。

(7) 行銷系統對偏遠或低收入地區的照顧不足，忽視弱勢消費者群體的利益。

　　第二點，人們批評行銷實務已對整個社會造成某些不利的衝擊，例如：

(1) 行銷系統刺激人們更加賣力工作，賺取金錢追求奢華生活，擁有更多更好的產品，不斷追求物質享受，讓整個社會過分物質化。

(2) 行銷廣告無所不在，不斷地用物質主義、性、權力、地位等訊息來汙染人們的心靈，製造文化汙染。

　　第三點，有人批評行銷實務為取悅消費者，對生態環境造成破壞：

(1) 產品設計上使用過多材料，耗用過多資源。

(2) 使用瀕臨滅種的生物做為產品原料。

(3) 行銷者開發及產銷許多汙染生態環境的產品，對生態環境造成重大危害。

(4) 用過即丟的行為，耗竭地球資源。

　　第四點，人們也批評行銷阻撓企業的公平競爭。有人指責：

(1) 大規模的行銷者常使用大量廣告和促銷活動及低價政策來打擊小規模的競爭廠商，造成不公平競爭。

(2) 行銷者常設定高門檻進入障礙（如專利權、經銷商連鎖等），阻撓新競爭者進入市場。面對社會上對行銷的批評，支持行銷的人認為不少批評可能是出自於對行銷的誤解。例如：

　(a) 中間商的普及是為了要為製造商或消費者提供更多、更好的服務，加上零售競爭十分激烈，存在超額利潤的空間已非常狹窄。

　(b) 有人認為廣告和促銷活動可提供人們有關產品和服務的訊息，給予消費者實質上和心理上的利益。而企業具有成本意識，不致濫用廣告和促銷預算。

(c) 有關廣告造成文化汙染的指責，許多消費者已有足夠的知識和能力來拒絕廣告的汙染，市面上也有避免受到廣告汙染的工具（如有線頻道或衛星頻道）；同時，因為有商業廣告業主付費，人們才可免費觀賞或收聽電視和廣告節目，也大幅降低雜誌和報紙價格。儘管如此，但不可諱言的是，即使在今天，損害消費者權益和汙染生態環境的行銷作為仍然很多，某些行銷實務也確實阻撓企業的公平競爭，並對社會帶來文化汙染。例如：

①在某些地區或市場，中間商的效率確實低落，且超額利潤的情形仍存在。

②不安全或標示不清的產品仍充斥市面。高雄檢調單位曾經在追查採購弊案時，發現自來水公司使用價廉的工業用聚氯化鋁(PAC)充用，使送驗的水樣都有重金屬成分；更有媒體揭發部分醫院為節省開支，重複使用侵入性醫療耗材（如內視鏡檢查時使用的活體組織夾）。

③不實或誇大廣告仍相當普遍。行政院公平會曾經對於國內知名公司的不實廣告行為罰鍰新臺幣140萬元。

④欺騙和仿冒行為仍然層出不窮。消基會曾經報導市面上有不少黑心家電，以新商品包裹著舊元件來欺騙消費者，讓消費者買到假冒的「新」家電。

⑤過度包裝仍然普遍。如化妝品、CD、DVD、禮品、月餅等產品，仍然存在過度包裝的現象。

⑥建立高門檻的進入障礙阻撓競爭者仍是常用的手段。如有不少廠商會運用各種影響力去阻止其供應商供應原料和產品給競爭者，或阻止其經銷商經銷競爭者產品，阻撓新競爭者進入市場。

⑦無所不在的廣告不斷影響人們價值觀。有些廣告暗示人要擁有某產品來表彰身分地位，難免刺激人的物質慾望。

⑧行銷系統對弱勢消費者的照顧確實不夠。如偏遠地區的消費者常須支付較高的價格，卻買到較差的產品。

12.3／ 行銷倫理的定義與重要性

所謂行銷倫理，又稱為行銷道德，是指在法令條例或社會規範的約束下，行銷活動所應遵守的準則，法令條例是行銷倫理的最低標準，社會規範是常用之參考指標，兩者皆可以作為個人或團體行為之指南。所以行銷倫理，是指行銷主體即企業在從事各種行銷活動時，所應遵守的基本道德準則。

企業與消費者和社會的關係，最主要的是經濟關係，直接表現為某種利益關係，這種關係的正確處理，除依靠法律外，還需要正確的倫理觀念加以指導。因此，行銷倫理的本質就是行銷道德問題，它服從於整個社會的倫理，是商業倫理的一個重要組成部分。

小思考...

行銷的企業社會責任有哪些？

行銷倫理是當今企業界熱烈討論的一個概念，即企業社會責任。企業從社會中獲取資源，在作出經濟貢獻的同時也發展了企業自身，因此也應該以履行社會責任的良好行為來回報社會，這已經成為當今企業界的共識。所以，每一個負責任的企業，每一個具有責任心的企業家，不僅在企業行銷活動中要注重商業倫理，而且在企業生產、經營、管理的全過程都要注重履行社會責任，用良好的企業行為來促進整個社會的和諧發展，做一個真正具有良好表現的「企業公民」。

現行社會上的行銷觀念，為了要回應社會對行銷系統的批評，在行銷學上已不斷在進行合宜的調整。我們知道，傳統行銷觀念是過度重視顧客短期欲望，卻忽視與顧客和社會長期利益間的可能性衝突。我們要說，能滿足顧客短期欲望的行銷策略，不一定就是對顧客長期福祉或社會利益有利的策略。因此有人提出「社會的行銷觀念」或「社會的行銷導向」等行銷管理哲學來增強或彌補傳統行銷觀念的缺失和不足。「社會的行銷觀念」主張行銷策略在提供顧客真實價值、滿足顧客需要和欲望的同時，也應維持或改進顧客與社會的長期福祉。社會行銷觀念要求企業在制訂行銷決策時，能兼顧企業目標、顧客需要與欲望及社會長期利益三者間的平衡，不能只考慮顧客的短期需要和欲望而忽視顧客與社會的長期利益。因此，企業在設計產品及其他行銷組合方案時不只要取悅顧客，也要真正有利於顧客和社會的長期利益。

在社會的行銷觀念下，有學者依消費者立即滿足和長期利益的程度這兩個構面，將產品分成四類：

(1) 不足的產品(deficient products)

例如味道不好又無效的藥品，即不能滿足消費者立即的訴求，也沒有長期利益。

(2) 取悅的產品(pleasing products)

可讓消費者立即滿足，但長期累積下來，可能對消費者有害，例如香菸。

(3) 有益的產品(salutary products)

立即滿足度低，但長期而言對消費者可能有益的產品，例如汽車安全帶。

(4) 理想的產品(desirable products)

立即滿足度高、長期利益也高，例如味道好又有營養的早餐食物。行銷人員的挑戰是要設法將所有產品都轉變為理想產品。舉例而言，如果目前企業的產品是屬於取悅的產品，就應強化其產品的長期利益而又不降低其產品立即滿足的品質；如果是屬有益的產品，則應強化其取悅消費者的能力，使其成為消費者心中更理想的產品。

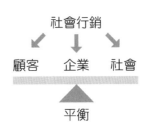

對經營者而言，企業倫理是經營成功的基石。對行銷者而言，行銷倫理也是行銷成功的基石。一個誠實正直、重視並奉行行銷倫理的行銷者，也許成功，也許失敗；但一個不重視、不遵守行銷倫理的行銷者，終將受到消費大眾的唾棄或法律制裁，註定是要失敗的。所以，市場經濟的行銷倫理公義性基本要求是：

(1) 公平

是指買賣雙方互惠互利，平等交易。

(2) 自願

意味著消費者有自由選擇商品或服務的權力，企業有自由買賣的權力。

(3) 誠實和守信

是要求買賣雙方在交易中要互通真實資訊，消費者對商品有充分的知情權。

12.4／ 結 語

　　對於目前絕大多數專業服務界的人才而言，急需補充的課程就是行銷倫理。所謂行銷倫理，指的是行銷主體即企業在從事各種行銷活動時，所應遵守的基本道德準則。企業與消費者和社會的關係，最主要的是經濟關係，直接表現為某種利益關係，這種關係的正確處理，除依靠法律外，還需要正確的倫理觀念加以指導。

　　因此，行銷倫理的本質就是行銷道德問題，它服從於整個社會的倫理，是商業倫理的一個重要組成部分。世界著名行銷學權威菲利浦‧科特勒就曾經說過：「公司需要用最後一種工具來評價他們究竟是否真正實行道德與社會責任行銷。我們相信，企業的成功和不斷地滿足顧客與其他利益相關者，是與採用和執行高標準的企業與行銷條件緊密結合在一起的。世界上最令人羨慕的公司都遵守為公眾利益服務的準則，而不僅僅是為了他們自己。」這就給我們指出遵守行銷倫理的必要性和重要性，企業只有充分、全面地考慮顧客和其他利益相關者的利益，才能在市場上獲得真正的優勢。

個案研討試一試　　APPLIED ETHICS OF PROFESSIONAL SERVICE

- 開車在路上，常看見停車場招牌寫著「20元／hr」，急著找停車位的駕駛人，也自以為撿到了便宜，馬上把車頭轉入該停車場。
- 當車子靠近招牌時，卻發現招牌上寫的原來是「20元／半hr」，只是「半」這個字寫得出奇得小，大老遠看不見，非得靠近才看得清。

討 論

- 停車場老闆特地用超小字體寫「半」字，許多顧客在車子已駛入停車場後才知道上當，感覺如何？
- 停車場老闆這招很酷嗎？

名詞解釋

1. 行銷

2. 差異化行銷

3. 行銷倫理

4. 企業社會責任

5. 不足的產品

6. 取悅的產品

7. 有益的產品

8. 理想的產品

問題討論

1. 何謂行銷？

2. 請列舉行銷問題的產生為何？

3. 請說明行銷倫理的定義與重要性為何？

 **MEMO**

APPLIED ETHICS OF PROFESSIONAL SERVICE

APPLIED ETHICS OF
PROFESSIONAL SERVICE

行銷倫理學應用

行銷倫理是常處於法令條例或社會規範的約束下，亦是處在「道德－權力觀點」與「功利觀點」兩者的拉扯之間，這兩者各執一定的立場與合理性，所以產生了規範行銷道德守約上，在倫理價值判準的困難性。行銷活動所應遵守的準則中，我們可謂：法令條例是行銷倫理的最低標準，然其社會規範卻又是常用之參考指標，套用一句流行用語「社會觀感好與不好」，就是指著社會規範，也就是民俗常規的遵守原則，我們要說的是，兩者皆可以作為個人或團體行為之指南，但如何應用於行銷道德規範上的複雜性，這將是學習行銷倫理學應用理論的重點。

> **小思考...**
>
> 顧客－企業－社會vs.企業倫理的平衡點。
> 企業社會責任=利己中的利他？

13.1／ 行銷倫理的複雜性

在企業的行銷實踐中，一些企業不時地違反道德公義性的基本要求，侵犯消費者或社會公眾的利益，引發了各種行銷倫理問題。其影響行銷倫理的因素多種多樣，共計有：

(1) 市場因素

當市場趨勢呈現出供不應求的格局，企業產品不愁銷路，市場缺乏競爭，這將驅使某些企業憑藉對某些產品的壟斷地位，採用某些非經濟手段參與市場競爭，侵害社會及消費者的利益。當市場趨勢呈現出供大於求的格局，市場競越激烈，企業在競爭中的行為就越會受到其他企業和消費者的監督和制約。

(2) 文化因素

文化因素是制約企業行銷道德水準的又一重要外部因素。任何企業均在一定的社會文化中生存和發展，受到社會文化的制約和影響。

(3) 政府因素

政府亦是影響企業行銷道德水準一重要外部因素，主要包括政府立法調控體系健全程度、政府對企業違法及違反道德行為的態度。如果地方政府對企業非法與非道德行為，採取嚴厲的態度進行制約並加以正確的引導，這將有力地限制非道德行為的氾濫。反之，如果地方政府對本地企業違法與違反道德行為持縱容或包庇、保護態度，這必然會加劇本地區企業的非道德行為。

(4) 企業領導者個人因素

企業最高領導者是企業的人格化，其個人道德哲學必然會融入企業的經營決策中。企業領導者個人哲學對行銷決策的道德水準起決定作用。領導者具有正確的經營哲學，在制定行銷決策中，才能既考慮企業的利潤同時兼顧消費者及社會利益，而體現出企業行銷決策的道德性。反之，如果企業領導者片面追求利潤最大化，從而不惜損害消費者與社會利益，行銷決策必然會偏離道德的軌道。

(5) 企業文化

企業文化也是直接影響企業行銷道德的重要因素。企業文化是指處在一定社會背景下的企業，在長期生產經營過程中逐步形成的獨特的企業價值觀、企業精神，以及以此為基礎而產生的行為規範、道德標準、企業風格習慣及傳統經營哲學和經營戰略。企業文化的核心是企業價值觀，而企業價值觀引導著企業的經營行為，規定著企業領導者及廣大員工的決策動機。

以上因素對行銷決策的作用不是單獨地發生的，它們相互交錯、彼此滲透交融在一起共同產生作用，其中企業領導者有著主導作用。另一方面，行銷倫理是進行市場行銷活動的行為規範與標準，其實質是解決企業如何承擔社會責任，妥善解決企業利益同消費者利益、自

然環境利益以及社會利益的關係，強調營利與道德的雙重標準，在謀取利潤的同時，也要滿足消費、引導消費、傳遞新的生活標準和新的價值準則，引導社會道德風尚，推動整個社會的文明進步。

實際生活中，企業行銷時所包含的不道德形式多種多樣，具體來說主要有：

(1) 市場行銷時的不公平

產品生產或服務時侵害消費者的健康與人身安全，例如有潛在危險性的玩具。又或者，滿足大多數消費者利益的同時，忽略了其他少數人的利益，例如香菸滿足了廣大菸民的需求，卻導致了許多人被動的吸入二手菸，間接損害了被動吸菸人的利益。

(2) 行銷中的弄虛作假

經常出現的欺詐型特價、減價廣告促銷，即欺騙了消費者，又影響了其他企業合理減價銷售的正常開展；過分誇張的廣告能夠增加廣告的吸引力，誘使消費者購買，而消費者作出錯誤的購買決策但購買後發現實際利益小於期望值，無疑使消費者受到了傷害；濫用品質標誌，例如產品中濫用「純羊毛」、「純棉」標誌，為消費者判斷產品的品質檔次帶來困難。

(3) 行銷中的浪費現象

例如：計畫廢舊，過度的包裝，過高的廣告、宣傳費用等，既浪費了資源又加重了消費者的負擔。

(4) 環境汙染問題

一些企業在努力滿足消費者需要的同時，也對環境造成了汙染，損害了廣大消費者和社會的長遠利益。例如：汽車廢氣排放、塑膠製品廢棄後形成的環境汙染等等。

上述行銷行為有些易於識別，其不道德性一目了然。但由於個人價值觀及生活經歷不同，每個人對道德與不道德存在著不同的見解，有些行銷行為是否符合道德，在很多情況下要判別清楚並不容易，例如誇張性的廣告宣傳，產品宣傳廣告都帶有誇張的成分以便增強其吸引力，然而過度誇張會誘使消費者上當。

 ## 13.2╱ 企業行銷倫理的操作問題

行銷容易在達到公司目標的同時，卻對社會產生了負面的影響，所以行銷經理人應該仔細思考社會責任與公司的義務，以促進對社會的正面效果並減低負面效果。行銷管理的進行包括：計畫行銷活動、指導計畫的履行及控制這些計畫。策略的計畫工作是用來指導整個公司，策略性管理能發展並維護組織資源和市場機會的結合。這是高層管理工作，包括計畫活動，不但有行銷活動，也包括生產、研發及其他功能性部門的運作。

當我們做出行銷策略規劃之時，我們應當考慮：

(1) 一個目標市場

一個公司冀望訴求的，由一群類似的顧客形成的團體。

(2) 一個行銷組合

公司所投入的一些可控制變素，來滿足這個目標市場。所以整合其行銷組合最基礎的就是4P：

(a) 產品(Product)

目標市場所需要的產品或服務，即發展正確的產品，要針對顧客需要。

(b) 配銷通路(Place)

是指從生產者到最終消費者中間所經過的一些公司或個人而言。

(c) 推廣(Promotion)

包括人員銷售、廣告、發表會及其他銷售活動以刺激最終消費者的興趣、嘗試或購買。

(d) 訂價(Price)

要訂出正確價格必須考慮競爭狀況及全部行銷組合的成本，並預測消費者對價格的反應。

由上引論，我們在規整其行銷與行銷倫理學的操作問題，可羅列如下對應：

(1) 產品與行銷倫理

每一企業都希望所生產的產品及服務，能獲得越多消費者使用越好，要達到這個目標，必須依靠有效的產品行銷，讓消費者知道產品服務的存在，以及能在眾多的同類產品中挑選自己的產品。現在產品的行銷形式越來越多，越來越精緻。但在這些千變萬化的行銷上，經常出現很多玄弄虛假、誤導欺騙性的手法。不肖的企業經常對消費者作出種種的欺騙，利用不當手法謀取利潤，這已違反企業與消費者間的倫理關係。

另外，業者在產品安全問題上當有其嚴格責任，嚴格責任是指由於使用某產品而導致受傷的消費者，可以向在產品的整個供應鏈中任何一個當事者，如生產者、供應商、經銷商及零售商提出告訴，理由是他們對產品都有責任。

(2) 廣告與行銷倫理

有人認為，最終能真正爭取到顧客的因素，是產品的品質與價格。但問題是，在消費者未接觸到產品服務品質之前，必須先讓他們知道產品的存在。要達到這目標，廣告是行銷最大的關鍵。認為廣告有積極功能的人主張，廣告的基本功能是為消費者提供產品服務的資訊，所以是有價值的服務。但是在廣告與行銷倫理的問題點上，卻常可看見不實的欺騙性廣告，例如：僱用知名人士偽稱是產品的使用者，虛假地陳述產品的好處；偽製「產品保證書」與標示誤導性價格；隱瞞產品的毛病與造謠，來詆毀競爭對手的產品，甚至仿冒知名的品牌。欺騙性廣告主要包含了某種形式的說謊，刻意傳播一些不實的陳述。一個廣告是否屬於欺騙的關鍵，是在於當事人是否有欺騙的意圖。

(3) 消費者與行銷倫理

消費者與生產者之間存在很大的資訊不對稱，在資訊的擁有上，消費者永遠是站在不利的位置上，由此而出現的交易是無法公平的，經常導致消費者利益受損。有關企業對消費者的基本規範，在1997年所修訂的全球企業消費者憲章中，確認的八項消費者權利，包括：基本需求的權利、安全權、資訊權、選擇權、公平聆訊權、賠償權、消費者教育權、健康環境權，這些權利可以用來作為企業對消費義務所依據的超級規範。[1]

(4) 產品及服務與行銷倫理

產品及服務所擁有的功能，要符合其所宣稱的功能，在指定的用途及任何可合理預見的用途上要是安全的。產品及服務是耐用與可靠的，其效益和適用性程度，要最低限度符合法律或規則所規定的標準。產品及服務要定期受到企業的監察及測試，以保障它們符合上述標準，且符合國際標準的設計及製造。產品及服務在生產、分銷與運

輸過程中，要對環境直接或間接地破壞減少至最低的程度。產品及服務在合理的情況下，產品的棄置要符合環境的永續性原則。

(5) 資訊提供及標示與行銷倫理

消費者辨識、閱讀產品的資訊要是完整的，並用在經營地之官方認可的語言清楚書寫出來。任何展示出的資訊可在產品明顯的地方上清楚閱見，申明以避免所有關於產品的可能錯誤使用的資訊。企業在所有的經營地，都要提供同樣的程度及詳細的資訊。企業只使用那些獨立制訂的環保標準及標記在產品的標示上。當產品及服務無論直接或間接，可能對使用該產品或服務的消費者產生傷害時，所有有關的潛在危險的資訊，必須在產品上完備及清楚地展示出來，或在消費者未使用該服務前提供給消費者。企業要設置及執行正式的補償系統，完成對消費者投訴的公平處理，包括對不滿意產品及服務的公平補償。企業要設置令消費者能執行他們對企業在法律或契約上，所規定權利的程序。

(6) 產品保證與行銷倫理

企業要為消費者提供有關產品服務的某種形式的保證。提供這些保證的義務，是在既有法定義務之外而額外擁有的，並且這些保證不會削減，消費者可對產品生產商或零售商行使其契約權利。這個保證對提供保證的企業是有約束力的，不管企業是否與消費者有契約關係。

(7) 服務業與行銷倫理

以臺灣而言，臺灣的中小型服務業人員比大型服務業人員要更加地重視企業倫理，基於在組織內是對員工參與決策、部屬間合作與職場安全的高度重視；又其在組織外，要求企業應回饋社會，並重視對消費者的安全保護。而大企業員工比起中小企業員工在做決策時，則較重視諸如政治力量影響組織等外在環境的考量。但是，服務業因服

務的「程式」差異很大,因而衍生諸多服務品質不等的實質問題。這種所謂「程式」的差異是指:同樣一項服務業的工作,因不同人員在不同時間,或不同地點去執行,皆可能因個人的能力或訓練,以及個人人品等差異,而使服務品質不一。故在提升企業倫理共識的同時,亦可以提升行銷倫理守約,企業體可行「組織文化重塑」,例如鼓勵員工參與決策,並加強不同部門合作,同時重視企業回饋社會等,即可有效的提升員工對企業主體的認同感,有助於提升企業文化,且倫理守約規範亦可較為容易施行。另外,還要重視「誠信與正直之確立」、「倫理準則與倫理訓練實施」及「道德決策」等層面。

國內服務業主要倫理傾向是「組織文化重塑」和「倫理準則與倫理訓練實施」,這與服務品質管理策略的內涵十分吻合。大型服務業由於員工與顧客直接接觸的頻率及緊密程度,高於一般製造業,其間所涉入的倫理道德層面,就比之於更加寬廣;這也是較容易造成弊端的原因,諸如金融等大型服務業,出現頗多弊案的背景因素之一即在此,所以企業行銷倫理的操作問題更顯其重要性。

 ## 13.3╱ 行銷倫理構面的理論內涵

存在於企業和社會間的契約,意味著企業必須感激他們生存在社會裡,這個社會期望他們關心他人的福利和普遍的社會利益。因此,企業在確立自身行銷行為的道德標準時,必須兼顧行為的動機和行為的結果,將純粹的功利主義原則和純粹的道義論原則作為指導,都是不可取的,這是兩種極端的標準。在現實中,人們通常把功利論與道義論結合起來評價行銷過程中的道德問題。關於行銷倫理的衡量標準,我們以拉茲尼克(Gene Laczniak)[2]的五項倫理公理論述,則能更符應於檢視行銷倫理構面的理論內涵,其內容如下:

(1) 黃金律

倫理行為應本於己所欲則施於人之決策準則，以評定是否實行？

孔子告誡說：己所不欲，勿施於人。聖經裡有一句類似的話：己所欲，施於人。「己所不欲，勿施於人」是儒家道德信條的基礎。意指：每個人不要做他認為討厭的事。它是從消極的一面敘述了人的倫理守則，但卻強調了每個人無權干預別人的事務，尤其不能對人做他自己都不喜歡的事。它隱含著人與人平等的觀念，這與當今的人權觀念有內在的聯繫。人類歷史上發生過的各種罪惡，人壓迫人，人剝奪人，損人利己，不都是違反了這一簡單的信條嗎？如果人人做到了這一條，就會相安無事，天下太平。「己所欲，施於人」是從善良的願望出發，對別人做好事；是從積極的方面去推行倫理守則。好的倫理守則，似乎不應該是消極的，更應該是積極的。

(2) 功利原則

倫理行為應本於所為是否可產生多數人之利益，以評定是否實行？

功利主義(Utilitarianism)，即效益主義是倫理學中的一個理論。提倡追求「最大幸福」(Maximum Happiness)。功利主義者認為人應該做出能「達到最大善」的行為，所謂最大善的計算則必須依靠此行為所涉及的每個個體之苦樂感覺的總和，其中每個個體都被視為具有相同份量，且快樂與痛苦是能夠換算的，痛苦僅是「負的快樂」。

不同於一般的倫理學說，功利主義不考慮一個人行為的動機與手段，僅考慮一個行為的結果對最大快樂值的影響。能增加最大快樂值的即是善；反之即為惡。邊沁和米爾都認為：人類的行為完全以快樂和痛苦為動機。米爾認為：人類行為的唯一目的是求得幸福，所以對幸福的促進就成為判斷人的一切行為的標準。

(3) 康德的無上命令道德律

倫理行為應服膺「良知、良能」之道德至上及普遍的人性法則，以評定是否實行？

康德是先驗論者，他認為道德律則是以先驗的方式存在於人的內心。另一方面，道德律也是對所有理性動物（指人）的意志皆有效的實踐規則，因此雖然存在於每個個體的內心，但卻又是可以被所有理性的人客觀認識的。我們以下三點說明：

其一，道德律是一種無條件的、絕對的一種內心的道德命令，來自於純粹實踐理性。而所謂善的行為，就是無條件、不求回報的遵循道德律的命令。另外，道德律的存在是以「目的」的形式存在，對康德而言，人自身就是以目的的形式存在，是一種客觀的目的性。相對上而言，康德反對將道德律與人視為「手段」（或是說被視為手段後道德律便不成立）。

其二，道德律具有普遍性，只要是人便可以認識的，而且獨立於外在經驗（不受外在經驗影響）。然而發自內心的絕對道德律並非是具有強制力的君王，道德律的實踐所依靠的是意志的自律。「意志」這個字眼在康德不同的著作中有不同的定義，而所謂「意志的自律」總括而言有以下三個意義：廣義上而言，是指意志獨立於外在經驗。意志的自立法則，成為自己的立法者，決定自己的目標，也就是知德的意志。實踐道德律的意志，此意志會被知德的意志命令來實踐，也就是行德的意志。此意志可能不純粹只有理性，會受感官與外在經驗影響。當行德的意志聽從於知德的意志時，便算是實踐「道德律」。

其三，就上述的兩點來看，康德不斷強調那「內心的無上道德律」的命令，究竟對康德而言，人是否具有「自由意志」？事實上是有的，在一般的認知中，自由意志往往會被認定為「可以自由的做自己想做的事」，然而再這層意義上，也就把自由意志窄化為聽從人性

基本欲望行事,成為欲望的奴隸。因此對康德而言,自由意志的展現就在於人可以有遵從「知德意志」的選擇自由。換個角度說,自由就是行德的意志完全不受感性欲念的影響,並完全服從理性的支配。

(4) 專業倫理

倫理行為之取捨應有足以對專業同儕解說之論據,以評論是否實行?

專業倫理(Professional Ethics)係指從事某一專業工作的人員,在執行其專業相關業務時,所應遵守的行為準則(Standards of Conduct)。通常以專業倫理守則(Code of Ethics)的形式呈現,用以規範和約束所屬人員與同業或社會之間的互動關係,其目的在於確保專業的服務水準,以增進社會福祉,並且贏得大眾的信賴,以建立該專業在社會中的威望。

> **小思考...**
> 專業倫理vs.角色道德

專業倫理基本上是一種專業自律的行為,它不具有法律的強制性、義務性和制裁性。然而,專業團體常會透過各種倫理機制,例如宣誓、倫理論壇、倫理熱線、傑出倫理成就獎等方式,使得倫理守則能在無形中發揮出正面積極的功效。

(5) 媒體檢視

倫理行為之取捨應有足以對全國性觀眾解釋之理由,以評定是否實行?

媒體檢視是為了接受平衡報導及事實精確的報導,以顯明倫理行為之表述。首先,所謂平衡報導,即新聞媒體應給予議題正反雙方公平、相同機會的報導,使正反意見得以傳播出去,供大眾作自我的判斷。理由如下:

(a) 新聞媒介是公眾的論壇，不應有偏頗的言論立場，偏好某種觀點。

(b) 真理越辯越明，平衡的報導有助大眾瞭解事情之立場及角度。

(c) 民主社會注重個人意見之表達，任何不同意見，媒介均應重視。

(d) 平衡報導有助公眾利益之達成，公眾根據媒介提供之資訊，做出最有利大眾的決定。

其次，進而可以採用精確性的報導，其背景是因為電腦的出現，可以處理大量的數據和資料，加上社會科學研究的量化方法被普遍接受，使事件處理方式產生質變。越來越多的機構開始採用民意調查、內容分析及實地實驗等科學研究方法來報導事件真相，使事件內容能更正確地反應與解釋各種社會倫理現象。其方法是使用社會科學的方法，對社會倫理現象進行量化的研究；用內容分析法(content analysis)、調查法（訪問、郵寄問卷、電話調查）或「次級分析」(secondhand data analysis)去蒐集資料，並採以客觀性報導，在形式上則包括描述性分析與解釋性分析，進行直接或間接的系統觀察，以覺知隱藏的真實，爾後回歸倫理層面，進行倫理行為之取捨，據以對其全國性觀眾解釋之理由，以評定之。

由上可知，根據行銷倫理原則，商家在制定行銷方案及實施行銷活動時，要妥善考慮下列各方面因素：

(1) 行銷方案對消費者或其他利益團體產生的後果和影響。

(2) 該行銷方案和活動實施時發生在消費者或其他利益團體上的可能性。

(3) 消費者對行銷活動所產生後果的接受程度或排斥程度。

13.4/ 結 語

　　由於行銷活動可能對消費大眾的利益及整個社會的福祉產生重大衝擊，因此行銷倫理是一項非常重要的行銷議題，行銷人員須密切注意和重視行銷倫理的問題，並負起行銷的社會責任。完全採以消費者導向且同時做出影響顧客的不道德決策或行為，對公司而言簡單但不可行。在組織中每一個人單獨地經營能傷害到企業的聲譽甚至生存。也就是因為行銷理念牽涉到一整個公司的關係，所以它是個組織中每個人行銷倫理的基礎，而且對避免問題是很有幫助的。傳統行銷觀念過度重視顧客短期欲望，忽視與顧客和社會長期利益間的可能衝突。能滿足顧客短期欲望的行銷策略，不一定就是對顧客長期福祉或社會利益有利的策略。所以，行銷策略在提供顧客真實價值、滿足顧客需要和欲望的同時，也應維持或改進顧客與社會的長期福祉。

個案研討試一試　APPLIED ETHICS OF PROFESSIONAL SERVICE

- 郭靜在一家好好吃餐廳接受服務生訓練時，老闆娘LULU告訴他：「顧客如果問哪道菜比較好吃，你就要從最貴的那道介紹起。」

討 論

- 當面對顧客時，郭靜該如何處理這種情形？
- 服務生從最貴的菜介紹起，顧客心理會怎麼想？

名詞解釋

1. 嚴格責任

2. 組織文化重塑

3. 黃金律

4. 功利原則

5. 無上命令

6. 意志的自律

7. 專業倫理

問題討論

1. 請檢視影響行銷倫理的因素為何？

2. 請說明企業行銷倫理的操作問題為何？

3. 請說明行銷倫理構面的理論內涵為何？

4. 請簡述行銷活動與行銷倫理的關係為何？

本章註釋

[1] 現代工業化生產的飛速發展及生產技術的革新運動，促使消費品日漸增多，消費結構日趨複雜。隨之而來的便是各種消費事故和難題，對消費者權益造成嚴重的侵害。國際消費者協會在1960年應運而生。1983年，國際消費者聯盟組織正式確立每年3月15日為國際消費者權益日(International Day for Protecting Consumers' Rights)旨在保護國際上的消費者權益。選定此日的根據在於，1962年的3月15日時任美

國總統的約翰・甘迺迪在美國國會發表《關於保護消費者利益的總統
特別諮文》一文，文中首次提出消費者的四項權利。設立此主題日，
旨在宣傳國際消費者聯盟組織及其活動，推動全世界對維護消費者權
益工作的重視，並促進各國在這方面的合作以及努力。

[2] Dr. Laczniak is former chair of the Department of Marketing at
Marquette University with ten years of service. From 1998 to 2002,
Laczniak was the Associate Vice-President/Associate Provost for
Academic Affairs at the University. He has been a visiting professor
or visiting fellow at the University of Western Australia (Perth) on
several occasions. Laczniak was a member of the editorial review
board of the Journal of Marketing for 15 years and continues to serve
on four academic journal review boards. He is co-author of four
books on business ethics with his most recent being Ethical Marketing
(Pearson/Prentice Hall, 2005). He has served on the board of
directors of several non-profit organizations. He has taught executive
development classes in the U.S., Europe and Asia. He has published
six books and over 100 journal articles and papers.

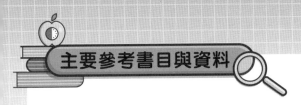

主要參考書目與資料

英文書目（依年份排序）：

· AW Wood. *Studies in the History of Ethics.* University of Toledo, 2006.

· James Gartney and Robert Lawson. *Economic Freedom of the Word.* Annual Report, 2004.

· *Public Service Ethics in Africa* Volume 2. United Nations. New York, 2001.

· Mark Andrew Smith. *Developing A Recovery Ethos For Psychiatric Services.* In New Zealand The University of Waikato.

· Nel Noddings. *Caring: A Feminine Approach to Ethics and Moral Education.* Second Edition, with a New Preface (Paperback).

英文學位論文（依年份排序）：

· Mark Andrew Smith. *Developing A Recovery Ethos For Psychiatric Services.* In New Zealand The University of Waikato, 2006.

中文書目（依年份排序）：

· 廖勇凱：《企業倫理學—理論與應用》，于卓民審訂，臺北：智勝文化，2008.9。

· 潘小慧：《四德行論：以多瑪斯哲學與儒家哲學為對比的探究》，臺北：哲學與文化月刊雜誌社，2007。

· 潘小慧：《倫理的理論與實踐》，臺北：文史哲出版社，2005。

· 羅納德‧杜斯卡：《會計倫理學》，北京：北京大學出版社，2005。

- 林火旺：《倫理學》臺灣：五南圖書出版社，2004。

- 潘小慧：《德行與倫理：多瑪斯的德行倫理學》，臺北：哲學與文化月刊雜誌，2003。

- 馬特生：《基督教倫理學》，謝受靈譯，臺北：道聲出版社，1995。

- 鄔昆如：《倫理學》，臺北：五南出版社，1993。

- 亨利‧西季威克：《倫理學方法》，廖申白譯，北京：中國社會科學出版社，1993。

- 康德：《康德的道德哲學》，牟宗三譯註，臺北：臺灣學生書局，1982。

- 王臣瑞：《倫理學：理論與實踐》，臺北：臺灣學生出版社，1980。

- 亞里斯多德：《亞里斯多德之宜高邁倫理學》，高思謙譯，臺北：臺灣商務印書館，1979。

中文學位論文（依年份排序）：

- 簡廷倫：《從商業倫理探討臺灣民宿旅遊業》，中壢：國立中央大學哲學研究所，碩士論文，2009。

- 林秀娟：《探討傅可思(Michael Allen Fox)動物權利理念之轉變及其涵義》，中壢：國立中央大學哲學研究所，碩士論文，2007。

- 曾倫崇：〈企業倫理學教學成效之分析〉，《應用倫理學刊》，2007.1，第2卷，第1期。

- 楊珮瑀：《價值觀、會計師事務所從業人員獨立性要求認知、倫理判斷與倫理意圖之關聯性研究》，臺南：國立成功大學企業管理學系，碩士論文，2006。

- 林漪楓：《勞資關係的倫理探討－以商業倫理學為進路》，中壢：國立中央大學哲學研究所，碩士論文，2005。

- 張人偉：《企業倫理氣候對於員工工作態度及員工倫理行為影響之研究－以證券營業員為例》，桃園龜山：銘傳大學國際企業學系，碩士論文，2004。

- 曾傳家：《試論美國會計師的社會責任與專業倫理》，中壢：國立中央大學哲學研究所，碩士論文，2004。

- 耿　紀：《會計誠信缺失的倫理學探討》，南京：師範大學研究所，碩士論文，2004。

- 許方瑜：〈員工工作滿意度：服務倫理與組織社會績效關係之研究—以觀光旅館業及旅行社為例〉，臺中：靜宜大學企業管理研究所，碩士論文，2002。

中文期刊論文（依年份排序）：

- 林遠澤：〈療癒性的交互主體性的護病互動關係〉，《護理雜誌》，2008，第55卷，第1期。

- 蘇長芝、李雅正：〈護理倫理學在老年病患者護理中的應用〉，《中國誤診學雜誌》，2008.8，第23期。

- 林遠澤：〈從醫學技術主義回歸人道關懷如何可能？試論醫護人文教育的關懷倫理學基礎〉，《哲學與文化》，2007，第34卷，第9期。

- 蕭靜雅、蕭雅美：〈國際觀光旅館對於餐旅管理學生專業能力滿意度之研究-以大專院校為例〉，《北臺灣學報》，2007，第30期。

- 汪慧玲、沈佳生：〈幼兒教師專業倫理實踐之研究〉，《幼兒保育學刊》，2007，第5期。

· 李培超，張芳：〈論馬克思、恩格斯對施蒂納利己主義思想的批判〉，《吉首大學學報》（社會科學版），2007.3，第28卷，第2期。

· 林明地：〈Nel Noddings 關懷倫理學及其在學校領導的應用〉，《教育政策論壇》，2006，第9卷，第2期。

· 孫慕義：〈質疑應用倫理學〉，《東南大學生命倫理學研究中心》，2006，第9期。

· 劉素卿：〈從愛與關懷來談幼兒的行為輔導－繼親家庭幼兒個案輔導舉偶〉《教育與發展》2006，第23卷，第3期。

· 吳秀蓮：〈關懷倫理學的道德蘊涵：試論女性主義的道德知識生產與實踐〉，《國立政治大學哲學學報》，2006.7，第16期。

· 勞秦漢：〈會計倫理：涵義、結構與研究方法〉，《山東財政學院學報（雙月刊）》，2006，第1期，總第81期。

· 廖闊：〈施蒂納的利己主義與社會主義的價值觀〉，《和田師範專科學校學報》，2005，第25卷，第03期。

· 蔡淑婷、陳冠名：〈我國教師專業倫理守則之探析〉，《松山工農學報》，2005，第3期。

· 于豔秋、任燕：〈危重老年病人診治中的倫理學問題分析〉，《中國醫學倫理學》，2005.2，第18卷，第1期，總第99期。

· 王淑芹：〈信用概念疏義〉，《哲學動態》，2004，第3期。

· 施能傑：〈公共服務倫理的理論架構與規範作法〉，《政治科學論叢》，2004，第20期。

· 黎建球主編：《生命倫理專題--哲學與文化月刊編輯委員會編輯》，臺北：哲學與文化月刊雜誌社，2003。

· 黃裕生：〈原罪與自由意志-論奧古斯丁的罪-責倫理〉，《浙江學刊》，2003，第2期。

· 方志華：〈關懷倫理學觀點下的教師專業素養〉，《教育研究資訊》，2002.4。

· 方志華：〈關懷倫理學觀點下的教師專業素養〉，《教育研究資訊》，2002，第4期。

· 呂健吉：〈論語的倫理思想之探究〉，《第六次儒佛會通論文集》，唐山出版社，2002.7。

· 孫效智：〈生命教育的倫理學基礎〉，《教育資料集刊》，臺灣，2001。

· 蕭永倫：〈論評《尼各馬科倫理學》之幸福目的論〉，《哲學與文化》，2000，第27卷，第8期。

· 孫效智：〈道德論證問題在基本倫理學上的發展－目的論與義務論之爭〉，《哲學與文化》，1995，第22卷，第4期。

會議論文（依年份排序）：

· 吳秀瑾：〈論Darwall福祉的理性關懷論：關懷倫理學的評論〉，《臺灣哲學會2008年學術研討會議》，2008.10。

· 洪秀菊：〈聯合國世界觀光組織(UNWTO)永續觀光發展的規範〉，《分析TASPAA夥伴關係與永續發展國際學術研討會》，2008.5。

· 鐘丁茂、徐雪麗：〈生態主義的興起、演進與意義〉，《現代思潮第八屆研討會》，2007.11。

· 黃國平、廖章鈞：〈臺灣的生態旅遊：戰略思考觀點的分析〉，《餐旅與遊憩管理》，2004.12。

· 甯應斌：〈試論美國應用倫理學的興起條件：有關應用倫理學的一些爭論及對第三世界的啟示〉，《第四屆美國文學與思想研討會論文選集·哲學篇》，1995.10。

英文網路文獻資料：

· Ethics

  http://www.iep.utm.edu/ethics/

· Goran Collste Applied and professional ethics – an introduction

  https://www.liu.se/cte/masters/applied_%20and_professional_ethics.
  pdf

· Outline of the National Public S Outline of the National Public
  Service Ethics

  http://Lawervice Ethics Law (Law No.129 of 1999)

  Why Minor in Applied Ethics?

  http://www.findlay.edu/academics/colleges/cola/academicprograms/
  undergraduate/PHIL/programinfo/whyminorinappliedethics.htm

中文網路文獻資料

· 〈在醫患關係中病人的道德權利與道德義務〉，2008.9。

  http://www.med66.com/html/2008/9/ch871418131412980026948.
  html

· 陳曉郁：〈社會正義原則下的共同助學政策評議〉，《臺灣高等教育研究電子報》，第七期，2007.12。

  http://info.cher.ed.ntnu.edu.tw/epaperi/index.php

· 〈醫學倫理學的基本原則〉，2008.9。

  http://www.med66.com/html/2008/9/ch3618153841298002595.ht

 MEMO

 **MEMO**

 MEMO

MEMO

 MEMO

MEMO

 MEMO

 **MEMO**

 **MEMO**

國家圖書館出版品預行編目資料

專業服務 : 應用倫理學 / 古旻陞編著.
-- 三版. -- 新北市 : 新文京開發, 2020.07
面 ； 公分

ISBN　978-986-430-646-6（平裝）

1.應用倫理學

190　　　　　　　　　　　　　109010433

専業服務—應用倫理學（第三版）　　　（書號：E353e3）

編 著 者	古旻陞
出 版 者	新文京開發出版股份有限公司
地　　址	新北市中和區中山路二段 362 號 9 樓
電　　話	(02) 2244-8188（代表號）
Ｆ Ａ Ｘ	(02) 2244-8189
郵　　撥	1958730-2
初　　版	西元 2010 年 02 月 10 日
初版二刷	西元 2015 年 03 月 01 日
二　　版	西元 2015 年 11 月 10 日
三　　版	西元 2020 年 07 月 20 日

New Wun Ching Developmental Publishing Co., Ltd.

New Age · New Choice · The Best Selected Educational Publications—NEW WCDP

新文京開發出版股份有限公司
NEW
WCDP
新世紀‧新視野‧新文京 — 精選教科書‧考試用書‧專業參考書